王嗣敏 著

细说史记三千年·吴越争霸（技术篇）

华夏出版社

图书在版编目（CIP）数据

细说史记三千年．吴越争霸．技术篇／王嗣敏著．－－北京：华夏出版社有限公司，2022.7
ISBN 978-7-5222-0215-0

Ⅰ．①细… Ⅱ．①王… Ⅲ．①中国历史－古代史－纪传体 ②《史记》－通俗读物 Ⅳ．① K204.2-49

中国版本图书馆 CIP 数据核字（2021）第 238132 号

细说史记三千年·吴越争霸（技术篇）

著　　者	王嗣敏
责任编辑	黄　欣
出版发行	华夏出版社有限公司
经　　销	新华书店
印　　刷	三河市少明印务有限公司
装　　订	三河市少明印务有限公司
版　　次	2022 年 7 月北京第 1 版 2022 年 7 月北京第 1 次印刷
开　　本	890mm×1280mm　1/32
印　　张	6
字　　数	143 千字
定　　价	49.00 元

华夏出版社有限公司　地址：北京市东直门外香河园北里4号　邮编：100028
网址：www.hxph.com.cn　电话：（010）64618981
若发现本版图书有印装质量问题，请与我社营销中心联系调换。

/ 目 录 /

吴越争霸（技术篇）

第 一 章 / 探真相抽丝剥茧　理性看吴越春秋　/ 003

第 二 章 / 苏州城傲然矗立　伍子胥巧夺天工　/ 006

第 三 章 / 江湖海刀光剑影　吴越楚以舟为马　/ 009

第 四 章 / 夺旗舰死士偷袭　攻齐国两栖作战　/ 011

第 五 章 / 大军动水陆并举　套近乎日本胡扯　/ 014

第 六 章 / 艅艎号霸气侧漏　大翼舟武装护航　/ 018

第 七 章 / 九一人齐装满员　远近战武装精良　/ 022

第 八 章 / 弓弩手火力压制　有甲板动力强劲　/ 026

第 九 章 / 珍品藏水战机密　伍子胥创建水师　/ 031

第 十 章 / 论功能各具特色　重组合水师无敌　/ 034

第十一章 / 周郑间矛盾重重　无可避繻葛之战　/ 039

第十二章 /	古战车有章可循	统帅位讲究颇多	/ 043
第十三章 /	一乘车标准配置	君子言驷马难追	/ 049
第十四章 /	鱼丽阵横空出世	伍子胥借尸还魂	/ 055
第十五章 /	真横行战龙在野	假设想舟师无敌	/ 060
第十六章 /	抓细节见微知著	产业链深度拓展	/ 067
第十七章 /	工程院主抓技术	伍子胥深化改革	/ 071
第十八章 /	空猜想造船工场	水战法独领风骚	/ 074
第十九章 /	越王剑刃如秋霜	吴王剑匣里龙吟	/ 077
第 廿 章 /	存争议越王世系	无争议吴剑独秀	/ 082
第廿一章 /	夫差剑千古哀叹	吴季札松枝挂剑	/ 086
第廿二章 /	青铜剑千锤百炼	名家铸价值连城	/ 089
第廿三章 /	勾践仗剑见孔子	话不投机半句多	/ 093
第廿四章 /	孔圣贤未曾到越	寻出路周游列国	/ 096
第廿五章 /	神兵成炉火纯青	吴钩出光辉耀目	/ 099
第廿六章 /	冠带剑贵族风范	轻生死民风尚勇	/ 103
第廿七章 /	青铜剑材料精美	吴越楚铜锡充足	/ 110
第廿八章 /	铜锡比重中之重	大技师画龙点睛	/ 116
第廿九章 /	君王剑工艺精湛	鸟虫书艺术高超	/ 123
第 卅 章 /	双色剑刚柔并济	复合剑巧夺天工	/ 128
第卅一章 /	掌火候干将莫邪	控炉温动力优先	/ 133
第卅二章 /	观其光锋芒逼人	吴越剑削铁如泥	/ 138
第卅三章 /	大历史深度融合	青铜剑剑魂永存	/ 141
第卅四章 /	战略错一错百错	经济战一战再战	/ 145

第卅五章 /	资质差全在谋臣　格局小失道寡助	/ 153
第卅六章 /	范文交比肩管鲍　越三杰风云际会	/ 156
第卅七章 /	杀石买亡羊补牢　用二士越国势强	/ 164
第卅八章 /	战略期高人指点　越勾践范蠡制造	/ 167
第卅九章 /	庆功会上退意定　何处黄金铸范蠡	/ 173
第 卅 章 /	曾几时气吞如虎　悠闲看秋月春风	/ 178

吴越争霸（技术篇）

大江阔千里，飞帆战正酣。大翼、中翼、小翼、戈船、桥船、楼船、突冒和吴王舴艋号，纵横江湖海，子胥阖闾齐建设，摆出鱼丽之阵，伍子胥水战兵法显神威。

手提三尺剑，壮士欲横行。鱼肠、步光、纯钧、泰阿、工布、湛卢、龙渊与越王勾践剑，熔铸铜锡铅，干将莫邪施妙手，直待炉火纯青，吴越剑穿越千年闪寒光。

嗣敏试对《吴越争霸（技术篇）》

第一章　探真相抽丝剥茧　理性看吴越春秋

前一本《吴越争霸（故事篇）》是入门级的作品，这一本《吴越争霸（技术篇）》是发烧友级的作品。不是说司马迁写得浅，他已经把历史人物的得失成败写得非常深刻了，只是我们对于这段历史还比较陌生，理解要循序渐进。本书针对吴越历史补充了考古证明，使之更加丰满，细节更加充实，更有助于我们重新审视这段历史。书里有少许学术考证，但请读者放心，如果你想通过现代视角拨开这段历史的迷雾，就请和笔者一起，从一个个细节入手，用探案的精神抽丝剥茧。只对故事感兴趣的读者，跳过这本书也不影响全盘理解。

本书十几万字，笔者写稿时查阅各种书籍、史料约五百份，累计用时约一千二百个小时，有时为了验证一个细节，还需要交叉对比。这是一项具有挑战性的研究，收获最大的也是笔者。笔者写这本书之前，认为自己除了"十表"，对于《史记》还算颇有研究；写完这本书以后，发现以前看到的只是冰山一角。不仅吴越的历史，其他的历史也是如此。一旦深入研究，从最小的孔穴往外望，都能发现一个别开生面的世界。正可谓："月照纱窗，个个孔明诸葛亮（诸格亮）。"

都知道伍子胥是苏州城的建设者，可是你知道他还是阴阳学家吗？

都知道伍子胥是军事家，可是你知道他还是中国水军建设的重要开拓者吗？

都知道孙武有《孙子兵法》，可是你知道伍子胥也有失传了的《伍子胥水战兵法》吗？

都知道伍子胥是水军建设的战略家，可是你知道他还是水军建设的战术家，并且主持制造出标准化战舰"大翼舟"吗？

都知道吴、越、楚三国经常发生水战，可是你知道水战的武器配置吗？

都知道吴国的水军建制完备，可是你知道吴国的旗舰"艅艎号"吗？

都知道舰船有甲板，可是你知道我国春秋时代的战船就已经有甲板了吗？

都知道陆军和水军是不同军种，可是你知道二者还有紧密联系吗？

都知道我国海域辽阔，可是你知道我国在春秋末期就有近海航行的能力吗？

都知道两栖作战是现代常用战法，可是你知道吴王夫差是首创者吗？

都知道水军需要组建舰队，可是你知道吴国水军是由大翼舟、戈船、中翼舟、小翼舟、突冒船、楼船等多种舰船组成的吗？

都知道越王勾践剑是天下第一剑，可是你知道吴王夫差剑与之相比也毫不逊色吗？

第一章　探真相抽丝剥茧　理性看吴越春秋

都知道青铜剑以铜和锡为原材料，可是你知道二者的比例以及铸造工艺吗？

都知道干将、莫邪是铸剑师，可是你知道与他们齐名的欧冶子吗？

都知道"炉火纯青"这个成语，可是你知道为何用它来形容铸剑的最高境界吗？

都知道青铜剑是一个整体，可是你知道它可能经过两次、三次或者多次才铸造而成吗？你知道剑身和剑刃的铜锡比例不同吗？你知道有一种叫双色剑的青铜剑的铸造原理吗？

都知道伍子胥来自楚国，可是你知道文种、范蠡和伯嚭也都来自楚国吗？

都知道文种和范蠡是好搭档，可是你知道他们来越国之前的故事吗？

都知道越王勾践卧薪尝胆，忍辱负重，终成大业，可是你知道是谁成就了他吗？

都知道孔子周游列国，可是你知道他去没去过越国吗？

都知道现代战争有步坦协同战术，可是你知道春秋时代我国就已经有类似的战术吗？

都知道古代日本爱和中国套近乎，可是你知道他们最早自认是我国哪位古人的后代吗？

这段历史里有太多的"万万没想到"，接下来，就让我们一个一个揭秘吧。

第二章　苏州城傲然矗立　伍子胥巧夺天工

从哪里说起呢？就从吴王阖闾夺取政权之后，与伍子胥进行的一次御前会议说起吧。

吴王阖闾问："我国位于东南偏远之地，道路险阻，气候潮湿又有水患，国君无防御设施，人民无安身之计，仓库尚未建立，田地还未开垦，这可怎么办呢？"子胥思考良久，说："治国之道，安君治民才是上策。"吴王阖闾问："安君治民，依靠何法？"子胥道："想要安君治民，成就王图霸业，让远近之人都心悦诚服，只有四个办法：立城郭，设守备，实仓廪，治兵库。"立城郭，就是建设城池，扎下根基，城郭集军事、政治、经济功能于一身。设守备、治兵库，偏重于军事。攻守之器具，军粮之供应，都是当务之急，而这一切又都取决于民生和经济发展，所以实仓廪是重中之重。在这次谈话之前，伍子胥被授予"行人"的职位，这个职位类似外交部礼宾司司长，负责接待各国使者。职位是一方面，实际工作内容是另一方面，在这次谈话之后，伍子胥被委

第二章 苏州城傲然矗立 伍子胥巧夺天工

以建城之事。

伍子胥最初受命建城，要建设的城市叫姑苏，也就是现在的苏州市。他派人测量土地、探测水文，遵循自然规律建造了一座大城。城墙周长四十七里，陆路和水路各有八个城门。根据《吴郡志》记载，姑苏城的八门分别是东面的娄门、匠门，西面的阊门、胥门，南面的盘门、蛇门，北面的齐门、平门。还有人考证，水陆城门的一期工程包括阊门、胥门、盘门、蛇门，二期工程包括平门、齐门、娄门、匠门，三期工程又增加了金门和新胥门，《吴郡志》记载，还有葑门、赤门。

关于这几个门，还有一些小故事。

吴王阖闾想要向西攻破楚国，楚国位于西北，因此阊门也叫破楚门。

古代阴阳学家认为，十二地支、十二生肖与十二个方位是对应的。按照阴阳五行之说，越国在南偏东，为巳位，吴国想要征服越国，就要建立与巳位对应的蛇门。在这个指导思想下，吴国的位置在东偏南，是辰位，对应龙，小城南门城楼上的鸱吻做成两条小龙盘绕，象征龙角，又在南大门上雕刻木蛇，蛇身向北，蛇头向着城内，以示越国归附吴国。

◎十二地支、十二生肖及四面八方的对应关系

十二地支	子	丑	寅	卯	辰	巳	午	未	申	酉	戌	亥
十二生肖	鼠	牛	虎	兔	龙	蛇	马	羊	猴	鸡	狗	猪
四面八方	北	北偏东	东偏北	东	东偏南	南偏东	南	南偏西	西偏南	西	西偏北	北偏西

（吴国方位：辰；越国方位：巳；楚国方位：戌）

但历史的吊诡之处在于，出于美好愿望的设计不敌人事上的成败，最后反倒是越国吞并了吴国，把它从地图上抹去，使其空余遗恨。

按照《吴郡志》的说法，匠门又名干将门，是因为"吴王使干将铸剑于此"，干将、莫邪作为历史上最知名的夫妻档铸剑大师，获得此项殊荣也不为过。干将门的命名也可能是因为，吴王推行的强国强兵政策包括加强武器生产。随着干将、莫邪的加入，产生了巨大的品牌效应，带来人气、流量，匠人们逐渐在匠门附近聚居，这一带成了"吴国高新科技示范区"。

民间相传，胥门是因"伍子胥宅在其傍"而得名。《吴郡志》上说曾经发现过石碑，可印证此事，但后来石碑丢失了。也有说法是胥门上曾经悬挂过伍子胥的头颅而得名。其实，胥门是以遥对姑胥山（即姑苏山）而得名，《苏州府志》云："胥门，西门也，在阊门南，一曰姑胥门。"

姑苏城的齐门，还与一段政治婚姻悲剧有关。齐国与吴国交战失利，齐景公不得已把一个女儿嫁给了吴国太子终累。但终累寿命不长，齐女更加思念齐国，吴王阖闾为此建造了九层飞阁，让她登临望齐。当时，齐国在吴国之北，因此，齐门位于姑苏城的北方，也叫望齐门。

这八个城门，唐朝时应该还在，刘禹锡有诗云，"二八城门开道路，五千兵马引旌旗"，说的就是这里。

第三章　江湖海刀光剑影　吴越楚以舟为马

建设城池是为打基础、建根基，其立足点在于"守"，守得好才可以立于不败之地，但要想赢，还得研究"攻"。只守不攻，是消极防守，是自取灭亡之途；只攻不守，是盲目进攻；基础不牢，早晚地动山摇，必须攻守之道兼备。

在军事方面，吴国的总设计师是伍子胥与孙武。笔者遍查诸书，没有看到两人一起探讨战争的记载。对《孙子兵法》进行分析，孙武偏重于战略层面，而伍子胥可能偏重于战术层面，注意，是偏重，不是只关注这一层。两个人一定在军事的各个层面多有交流、沟通和探讨，甚至《孙子兵法》中都可能留有伍子胥的精神遗产。

有两本书现已亡佚，但在历史上是存在过的，记录了伍子胥的军事思想、理论与实践乃至吴国的军事制度，这就是《伍子胥书》和《伍子胥水战兵法》。这些著作有考古证据以为佐证，1983年，在湖北江陵张家山247号汉墓的考古发掘中，发现55枚竹简上记载着一篇文章叫

《盖庐》，共计 2089 字。盖庐就是吴王阖闾，这篇文章记载了他与伍子胥的对话，也是对吴国军政思想的阐述，应该是伍子胥兵法的一篇，不是全部，应该也不是伍子胥的原创，而是像《六韬》《管子》一样，是后人的辑录或者假托之作，也具有一定的价值。

为了让伍子胥的功绩更加直观，需要补述他与吴王阖闾、吴王夫差在军事上的作为。可是相关资料太少、记载简略，并且分散在多部书中。既然吴国军事资料存世的太少，那就扩大一下选材的范围，不限于吴国本身的相关记载。从其他国家的军事记录中推想吴国的军事建设，进而探讨和还原伍子胥的军事战略。

本书的重点将放在吴国水军的发展。春秋战国之际，吴、越、楚、齐四国都有强大的水军，其中，吴越水军又是第一流的。"吴人以舟楫为舆马""不能一日而废舟楫之用"，越人则"以船为车，以楫为马，往若飘风"。两国因为辖区内水系发达，舟船比车马更加方便，所以水军都非常发达，基本在一个水平线上。如果相关资料缺乏，可以用越国水军的资料，来推断吴国水军会有哪些设施或配置。

第四章　夺旗舰死士偷袭　攻齐国两栖作战

《左传·襄公二十四年》记载："楚子为舟师以伐吴，不为军政，无功而还。"此时正值楚康王十一年（公元前549年），说明在这一年以前，楚国已经有了水军。另据《史记·吴太伯世家》记载："王僚二年，公子光伐楚，败而亡王舟。光惧，袭楚，复得王舟而还。"吴王僚二年是公元前525年，此时吴王阖闾还没有夺权成功，还是公子光，但他经常带兵与楚国激战。这次他率领舟师溯长江而上攻击楚国，结果出师不利，就连王舟"艅艎（yú huáng）号（也叫余皇号）"都被楚军俘虏了。可能损失王舟在吴国军事条例里是大罪，即便公子光和吴王僚是堂兄弟也不好交代，于是设法夺回王舟才回去。

吴楚这次战斗被称为"长岸之战"，《左传·昭公十七年》中还记载了王舟被夺回的过程。公子光对将士说："丧失了先王所拥有的战舰，这不仅是我的罪过，也是各位的责任。我想借助大家的力量把这艘战舰夺回来，以求赦免我们的死罪。"吴军上下一致赞同。就这样，公子光派出三名长着胡须、武功高强的人，让他们想办法潜伏到"艅艎号"周围，并叮嘱道："当我们呼喊'艅艎'时，你们就回答。"里应外合，乱敌军心。我们合理推测，这三个人应该水性极好，能够潜水，否则通不过敌人的防卫圈。而且他们三个人潜伏到"艅艎号"周边时，应该至少占据了三个方位，当公子光带领大部队到来、呼喊之时，他们便故弄玄虚，让楚军分不清潜伏的敌人有多少。这样，楚军就要分兵，一方面抵御公子光的进攻，一方面搜索潜伏之人。最后，三人全部牺牲，但楚军也乱了阵脚，大败于吴军。就这样，公子光重新夺回了"艅艎号"。

当时的水战不仅限于江河，甚至会发展到海上作战。

吴王夫差十一年（公元前485年），"徐承率舟师，将自海入齐。齐人败之，吴师乃还"。这应该是中国最早的跨海作战记录。吴军要以两栖登陆的方式发动进攻，应该非常像海军陆战队。但很可惜的是，历史记录过于简略，我们无从得知，吴军是已经抢滩登陆结果被齐国陆军迎头痛击，还是刚逼近齐国领海就被齐国海军在海上击溃了。虽然这是一次失败的战斗，但证明了在吴王夫差和伍子胥的领导下，吴国水军具有当时一流的战术创意。同时证明吴国具备跨海作战的能力，舰船已经形成了战斗集群，在当时一定是数一数二的王牌。有这样的水军，伍子胥功不可没。

这次失败的两栖作战，究竟是被齐国的陆军还是海军击退，暂时不得而知。但是齐国靠近海洋，水军应该也是其主力兵种。我们不妨从一些小细节来做一下推论。

《说苑》记载："齐景公游于海上而乐之，六月不归，令左右曰：'敢有先言归者致死不赦。'"在海上玩乐六个月，作为一国君主是不称职的，但是能在海上停留这么长时间，在海外却没有军事基地，就说明

第四章 夺旗舰死士偷袭 攻齐国两栖作战

船队相当庞大。除了必要的武装护卫舰之外，后勤给养也非常充分。要抵御海上的风浪，船体也一定得足够大。

仔细分析历史记录可以发现，比较吴、越、楚、齐的水军，吴国水军是当之无愧的进攻型武装力量，越、楚水军应该也是独立的军种，并有相当高的战斗力，而齐国水军似乎是防御型武装力量。在吴国争霸的过程中，只有水军是四面出击的，与楚、齐、越都交战过。但这种四面树敌是政治上的失策。吴国在军事上固然具有极强的实力，但这也让吴王夫差沾沾自喜，变得骄横不可一世。

第五章　大军动水陆并举　套近乎日本胡扯

在吴越两国的征战中，水军应该是主力。公元前 496 年的檇（zuì）李（今浙江嘉兴）之战，吴王阖闾惨遭滑铁卢，受伤身亡。

公元前 494 年的夫椒（一说在今江苏太湖中的洞庭西山或马迹山）之战，则是吴王夫差的复仇战。越王勾践被困于会稽山，只剩五千精锐。在这次战役中，两国就是水陆同时交战。

到了公元前 482 年，《史记·越王勾践世家》中说："乃发习流二千人，教士四万人，君子六千人，诸御千人，伐吴。"《国语·吴语》也记载道："于是越王句（勾）践乃命范蠡、舌庸，率师沿海溯淮以绝吴路。败王子友于姑熊夷。越王句践乃率中军溯江以袭吴，入其郛（fú，古代指城外围着的大城），焚其姑苏，徙其大舟。"这是越国第一次大规模讨伐吴国的记录，出现在不同的史料中。此时越国掌握了绝佳战机，夫差北上参加黄池会盟，精锐尽出，国内空虚，勾践出其不意发动进攻，姑且称之为"对吴反击战一期战役"。

第五章　大军动水陆并举　套近乎日本胡扯

◎ 越国对吴反击战一期战役中的亮点

前482年，吴王夫差北上参加黄池会盟，蓄势已久的越王勾践开始发动反攻，这场战役有四大亮点：

一	二	三	四
兵分两路	**沿海溯淮**	**焚其姑苏**	**徙其大舟**
主力和偏师各有战略任务，水军和陆军进行战术配合	可见具有近海航行的能力以及溯淮河而上的能力	无法灭吴，知难而退；实施震慑，提振士气	抢夺吴国的军事资源，用于武装越国水军

从前482年起，吴国开始走下坡路，被越国追着打。前482年是一个转折点

这次战役有四个关键点：

第一，兵分两路。范蠡率领偏师，防备吴王夫差带到北方的军队；勾践率领中军，带领主力部队攻击吴国首都姑苏。

第二，沿海溯淮。越国国土主要在浙江，挨着东海。沿海溯淮，即沿着东海向北进发，找到淮河的入海口，再自东而西，沿着淮河逆流而上，寻找吴王夫差南下的必经之路，埋伏待敌。越国舰队切断了吴军的退路。这次海上军事行动卓有成效地完成了战略协同任务。至于这个时代，淮河的出海口在哪里，就不好考证了，因为长江、黄河、淮河在几千年中多次改变过出海口。但是有一点很重要，如果齐景公海上漂流、吴王夫差两栖作战、范蠡沿海溯淮，所有这些记录都是正确的话，说明吴、越、齐三国在春秋末期已经具备海战和远航的能力。而楚国一直都在内河、内湖活动，或许不具备海上航行的能力。

第三，焚其姑苏。吴国首都遭受攻击，证明吴国外强中干，防守能力非常薄弱，从另一方面暗示越军实力已不可小觑。从公元前494年吴国在夫椒之战击败越国起，到公元前482年越国在姑苏之战击败吴国为止，经过十二年的奋斗，越国从战略防御转入战略进攻。十年后，也就

是公元前 473 年，吴王夫差自杀。在这十年中，吴国很难组织起有效的反击，基本上是被越国追着打。

第四，徙其大舟。这次越国打到了吴国首都姑苏，堵着它打，攻入了外城，并且焚烧了姑苏台。当时越国一定获取了很多战利品，但最在乎的就是"大舟"，别的都无法与之相比。

还有一个与吴国相关的问题，日本人曾宣称自己是"吴太伯之后"，也有说是吴王夫差之后，这是怎么回事呢？

参考《从语言化石看吴越人东渡日本》（夏恒翔、孟宪仁著）和《古代日本的吴越移民王国》（王勇著）等学术著作，可以得到这些信息：

唐人修《晋书》《梁书》《北史》，都提到"倭人自云为吴太伯后"。

北宋《太平御览》引《魏志》云："其俗，男子无大小，皆黥（qíng，在脸上刺上记号或文字并涂上墨，古代用作刑罚）面文身，闻其旧语，自谓太伯之后。"

《资治通鉴》中说："今日本又云吴太伯之后，盖吴亡，其支庶入海为倭。"

日本人修《新撰姓氏录》，其中记载："松野，吴王夫差之后，此吴人来我之始也。"

元朝时到中国学佛，然后又回到日本的僧人中岩园月，著有《日本纪》一书，考证日本皇室为吴太伯之后，不料此书被后醍醐天皇下诏焚毁，并遭到后人批判。

日本大儒林罗山为了给皇室歌功颂德，作《神武天皇论》，主张神武天皇为吴太伯之后，也遭到冷遇。

日本明治维新之后，"皇国史观"鼎盛，凡是违反这个原则的作者都受到严厉制裁，"吴太伯之后"的说法也渐渐销声匿迹。还有其他许

第五章　大军动水陆并举　套近乎日本胡扯

多考证，就不详细列举了。

日本文化好比洋葱头，一层层地剥下去，真正原创的不多。唐朝时，日本全面向中国学习，需要寻找文化认同。韩愈《原道》中有一句话，非常具有代表性："孔子之作《春秋》也，诸侯用夷礼则夷之，进于中国则中国之。"孔子认为凡是采用夷狄礼仪的就是夷狄，采用中原礼仪的就是中原人。中国人也一贯重视文化认同，只要你说中国话，写中国字，认同中华文化，就把你视为中国人。

当日本对中国文化顶礼膜拜时，需要找到"文化脐带"，他们便把目光对准了吴太伯，理由大致有这些：

首先，吴太伯是古公亶父的长子，出身高贵，他把王位让给老三季历，逃到了吴国。他的品德一直被歌颂，而他的血统一直被视为正统。

其次，春秋时吴越"断发文身"的风俗，与开化前日本的"黥面文身"非常相似，加之吴国生活在江河湖海周边，日本则被海洋包围，生活习惯和思维方式有相似之处。

最后，吴王夫差亡国的历史机缘。假设这之后吴王夫差不想臣服于越国，漂洋过海到了日本，也是有可能的。

这里不是要探讨吴太伯与日本人的关系，而是要说明一个问题，在吴王夫差的时代，吴越两国具有近海航行的能力，所以才有可能渡海到达日本。不论是吴国军队两栖登陆，齐景公近海航行，还是越国水军沿海溯淮，都完全有可能实现。

第六章　艅艎号霸气侧漏　大翼舟武装护航

越王勾践大规模偷袭吴国时,有一个重大的军事成果,就是"徙其大舟"。这种大舟,就是吴军的主力战舰。

有人说这里的"大舟"就是指"艅艎号",笔者有不同意见。历史文献在记述吴国战舰时重点提到过"艅艎号",它是吴王或者军队统帅的旗舰。前面提过,在攻击楚国时,公子光是舰队司令,负责居中调度和临阵指挥。"艅艎号"被楚国夺走,公子光说,这是先王留下的战舰。至于是哪位先王在位时开始服役的,不得而知。但可以确认,"艅艎号"是功勋战舰,在吴国具有光荣的历史和战绩,是吴国舰队的"水军一号"。从先王到吴王僚和吴王阖闾,它至少服役了两代三位吴王(吴王僚与吴王阖闾是堂兄弟,算一代人)。如果吴王夫差没有推出优化版本的旗舰,"艅艎号"会继续服役。

为了北伐更加顺畅,为了与齐、晋争霸,吴王夫差出动大规模人力开掘邗沟,打通了长江和淮河之间的水道。他参加黄池会盟时,应该就

第六章　艅艎号霸气侧漏　大翼舟武装护航

是乘坐着"艅艎号",耀武扬威地北上。因此,当时"艅艎号"大概没有留在姑苏并被越王夺走。

越国夺取的大舟是否是楼船?这是有可能的。《越绝书》记载:"初徙琅玡(邪),使楼船卒二千八百人伐松柏以为桴(fú,小竹筏或小木筏)。"这里出现了一个关键词,"楼船卒",它是水军的代名词。《汉书·严安传》有秦始皇"使尉屠睢将楼船之士攻越"的记载,说秦始皇派将军屠睢率领"楼船之士"攻打百越。楼船之士与楼船卒应该都是水军的统称,这也说明当时有一种战船叫楼船。"楼船者,船上施楼也",有利于占据制高点,起到瞭望塔的作用,而且应该配有射手,居高临下,发挥弓箭的远程杀伤力。

被夺取的大舟是否是戈船?这也是有可能的。吴越的水军战舰的标配型号之一就是戈船。等到勾践称霸之时,"越兵横行于江、淮东"。《越绝书·外传·记地传》:"句(勾)践伐吴,霸关东,从琅琊(邪)起观台,台周七里,以望东海。死士八千人,戈船三百艘。"这里的死士可能单指水军精锐,才能配得上 300 艘戈船。什么是戈船?有人引用《伍子胥书》上的记载,说"有戈船,以载干戈,因谓之戈船也",还有人说"有蛟龙之害,故置戈于船下,因以为名也"。按照第一种说法,戈船是兵器运输船,按照第二种说法是防备水下"蛟龙"的攻击。这个蛟龙肯定不是神话中的蛟龙,应该是指鳄鱼之类有攻击性的水下生物。再进一步联想,把戈置于船下,不仅可以防备蛟龙,还可以防范"水

019

鬼""蛙人",防止敌人从水下进攻。公子光夺回"艅艎号"时派出的三个死士,一定是从水下潜入的。当时已经成为俘虏的"艅艎号",一定在敌人的层层包围之下,又没有航天飞行器,很难从水面上靠近,只有那种水性极好的死士,通过潜水,才能潜伏在"艅艎号"周边。水军对这样的进攻方式应该有所防备。而且戈船不会只负责运输武器,越王勾践横行江淮之际有三百艘戈船,说明它是战斗舰船。而这种战舰,也应该是吴国水军的标准配置。

除了楼船、戈船之外,水军还应该有三种主力战船,它们就是伍子胥领导下的吴国水军的原创战船——大翼舟、中翼舟和小翼舟。

《太平御览》引《越绝书》说:"伍子胥水战法,大翼一艘,广丈六尺,长十二丈,容战士二十六人,棹(櫂)五十人,舳舻三人,操长钩矛斧者四,吏仆射长各一人,凡九十一人。当用长钩矛、长斧各四,弩各三十二,矢三千三百,甲兜鍪各三十二。"《文选》中记载,按《越绝书》,《伍子胥水战兵法》曰:"大翼一艘,广一丈五尺二寸,长十丈;中翼一艘,广一丈三尺五寸,长九丈六尺;小翼一艘,广一丈二尺,长九丈。"这条记载补充了中翼舟、小翼舟的尺寸,它们的长宽比是大翼舟 10∶1.52,中翼舟 9.6∶1.35,小翼舟 9∶1.2。大翼舟与中翼舟的尺寸差距过小,吨位上很难拉开层级。但是,大翼舟的长宽比与《太平御览》中所记载的不同。《太平御览》中记载的大翼舟长宽比 12∶1.6,更容易让人接受。

这种战船折算成现在的尺寸大概有多大呢?《中国造船史》的作者席龙飞先生是中国造船史的专家,他的团队曾经复原过大翼舟。根据《中国历代度量衡考》的考证,采取春秋到战国的一尺约等于现在 0.23 米的说法,按照 1 丈=10 尺,1 尺=10 寸,1 尺≈0.23 米的公式来计算。

第六章　艅艎号霸气侧漏　大翼舟武装护航

综合以上两种说法，笔者认为大翼舟、中翼舟、小翼舟尺寸如下表：

船形	古代尺寸		现代尺寸		长宽比（大致）
	长	宽	长	宽	
大翼舟	12丈	1丈6尺	27.6米	3.68米	7.5∶1
中翼舟	9丈6尺	1丈3尺5寸	22.08米	3.11米	7.1∶1
小翼舟	9丈	1丈2尺	20.7米	2.76米	7.5∶1

在这里需要说一下伍子胥兵法书的称呼。《汉书·艺文志》的"杂家"中提到有"五子胥八篇"，注曰："名员，春秋时为吴将，忠直遇谗死。"五通"伍"，"五子胥"就是伍子胥无疑；而"兵技巧家"中又有"五子胥十篇"，注"图一卷"。可见，在班固著《汉书》时，伍子胥的兵法应该还在世间流传，名叫《五子胥》，有两个版本，一个是八篇，另一个是十篇外加图一卷，内容不同，可惜都失传了。大翼舟的建造方式等可能记载在后一个版本中，因为它所在的分类"兵技巧"侧重于战术实施、军用器械制造等。

前文提到的出土文献《盖庐》，是不是这《五子胥》中的一部分？是出自哪一个版本？学界多有争论。后世典籍提及伍子胥的兵法书时有不同的称呼，如《伍子胥水战法》《伍子胥兵法》《伍子胥书》等。很多典籍称引自《越绝书》，但是流传下来的《越绝书》中并没有相关记载，在这些书籍的流传过程中可能湮没了很多不为人知的故事。

所以我们会根据具体情况，用《伍子胥书》《伍子胥兵法》或者《伍子胥水战兵法》来指代这部书，毕竟我们的重点是战略，不是考据。

虽然我们的重点是战略，但大翼舟的问题太重要了，接下来还得继续说。

第七章　九一人齐装满员　远近战武装精良

复原后的大翼舟,长27.6米,宽3.68米,深2.2米,重心较低,稳定性很好。这样的战船如果兵员和武器配置合理,将具有极强的攻击力。

还是前面这段话,《太平御览》引《越绝书》说:"伍子胥水战法,大翼一艘,广丈六尺,长十二丈,容战士二十六人,棹五十人,舳舻三人,操长钩矛斧者四,吏仆射长各一人,凡九十一人。当用长钩矛、长斧各四,弩各三十二,矢三千三百,甲兜鍪各三十二。"它的标准配置人数是91人,其中包括战士26人,棹(zhào,指桨手)50人,舳舻(zhú lú,指掌舵者)3人。如果这段记载是完全正确的,那么,战士、桨手、舵手共79人,很明确,剩下的12人就不好安排。

读竖版繁体古书时,最让人头疼的是句读,标点位置不同,句子的意思可能完全不同。"操长钩矛斧者四吏仆射长各一人"这句话,可断为"操长钩矛斧者四,吏仆射长各一人",也可断为"操长钩、矛、斧

第七章　九一人齐装满员　远近战武装精良

者四，吏仆、射长各一人"，这就出现了人数上的偏差。如果操长钩、矛、斧的一共有4人，吏仆、射长各1人，这才6人，离12人还差很多，而且吏仆、射长究竟指什么，不得而知。如果断为"操长钩、矛、斧者四吏，仆射长各一人"，把操长钩、矛、斧的人当成"吏"，把"仆射长"当成官职，依然存在人数不够的问题，而且"仆射"是秦汉时的官职，吴越时的"仆射长"不知是水军中的何等官职。而且"操长钩矛斧者"还不能轻易断句为"操长钩、矛、斧"，钩和矛可能不是两种武器，而是一种武器。故宫博物院收藏了一件稀有的"有钩矛"，藏品的说明是："春秋后期，长23cm，宽9.4cm，重240g。矛窄长无叶，骹呈锐管状，一侧伸出有刃的弯钩。矛是直刺兵器，此矛同时带有刃弯钩，使之能刺能钩，提高了杀伤力。但是使用钩的时候，其反向作用力易使矛头脱落。此类钩矛在后世发现极少。"

这种钩矛和楚军的水战利器钩拒是否有相似之处？据《武经总要》记载："公输般（鲁班）自鲁之楚，为舟战之具，谓之钩拒，退则钩之，进则拒之。"钩拒也叫钩强，是一种长柄带有金属钩的器具，当战船与敌船进行接舷战时，可用以抵拒欲进击的敌船，使敌船不得接近，在逆流撤退时非常管用；可用以钩拉欲退走的敌船，使敌船不得脱离，以利于己方战船的攻防战斗，在占据优势时非常管用。

参照钩拒的效用，第四次将前文重新断句，应该是"操长钩矛、斧者"，根据下文提到的大翼舟武器配置，"当用长钩矛、长斧各四"，应该是说操长钩者与操长斧者各4人，一共8人，一人一把长柄武器。这8人加上战士26人，桨手50人，掌舵者3人，一共是87人。定员91人，还剩4人，究竟是哪4人？因此，我们再进行第五次重新断句，那就是："操长钩矛、斧者四，吏、仆、射、长各一人。"一艘战舰，一定有最高指挥者,假设就是"长",舰长;"吏"假设为大副,是舰长的副手,如果舰长不在或者殉职了,可以代替舰长履行职责。"仆"应该是指大翼舟上的后勤部长,负责武器装备、后勤保障之类工作,最起码得是个勤务员,将近百人的队伍长途行军总有杂七杂八的事情要处理。最后就是"射",舟战时的弓箭相当于后世的大炮,具有远程攻击能力,但是射手需要管理、指挥,因此会有这个职位。

再看"操长钩矛斧者四吏仆射长"这句话,不该把"吏"字划归到"操长钩矛斧者四吏"中,操长钩矛和长斧者各有 4 人,符合大翼舟的配置。因此"吏仆射长"应该是在一个序列中。这四个字,如果都是指大翼舟上的军官和首领,那他们一定是各司其职的。笔者推断吏、仆、射、长应该各有所指,但是每个人究竟负责什么呢?仆射确实是一个官职,但是不该出现在这里,因为它是秦汉之际的官职名,一种说法是:"仆射,秦官,自侍中、尚书、博士、郎皆有。古者重武官,有主射以督课之。"另一种说法是"合仆人、射人两名而成"。在这里,需要对"仆"和"射"再做延伸探讨。

《中国历代职官词典》(沈起炜、徐光烈主编)对"射"这个官职做了考证:"商朝武官名。掌射。常以三百人为一队,称为'三百射'或'射三百'。"《殷墟文字乙编》第 4299 片上明确记载了这个官职。因此,在大翼舟上设置"射"这一官职,不但合情合理,而且实属必要。"射"应该是一个独立职位。"仆"不能和"射"组合,它如果和"吏"组合为"吏仆",这倒是一个名号。在秦简中有"吏仆"和"吏养"的记载,分别指驾车者和炊事人员,来源主要是徒隶。但是,吏仆是秦国的职位,并没有直接的证据证明春秋末期的吴国也有这个职位。在这里,笔者认为应将"吏"与"仆"分开理解。

第七章　九一人齐装满员　远近战武装精良

"仆"在《周礼》的职官列表中是一个高频出现的字眼。《周礼》是一部通过官制来讲述治国方略的著作，内容极为丰富，涉及社会生活的方方面面，是儒家经典"十三经"之一。在《周礼·夏官》中记载了大仆、隶仆、戎仆、齐仆、道仆、田仆等几种官职。而《左传·成公六年》记载："（晋）韩献子（韩厥）将新中军，且为仆大夫。"仆大夫就是《周礼·夏官》中的"大仆"，掌宫中之事。从这里可以看出，古代的"仆"字并不一定都是指仆人，更倾向于近卫之士。大翼舟上"仆"的职位也应该是指近卫，舰长身边的近卫可以同时负责后勤和杂务。

如果将"吏、仆、射、长"分开理解，加上这 4 个人，大翼舟上的成员正好是 91 人。这在当时一定是大船了。《史记·张仪列传》中提到，"舫船载卒，一舫载五十人与三月之食"，相比之下，大翼舟的载员量近其两倍。另据记载，中翼舟定员 86 人，小翼舟 80 人。

第八章　弓弩手火力压制　有甲板动力强劲

　　战船是标准化产品，其人员配置也一定会标准化。如果大翼舟的定员记载没有错，其人员、职责、攻防措施、武器装备等也一定会有明文规定。当然，还有可能是使用长钩矛和长斧的 8 人包含在 26 名职业军人中，或者数字本身是错的。

　　再看大翼舟的武器配备，"当用长钩矛、长斧各四，弩各三十二，矢三千三百，甲兜鍪各三十二"，长钩矛 4 把，长斧 4 把。"弩各三十二"，应该是两种弩，姑且称之为弩一、弩二，弩一 32 把，弩二 32 把。箭 3300 支，铠甲 32 套，兜鍪（móu，头盔）32 件。

　　《孙子兵法》作战篇提到了"甲胄矢弩"，可见弩在春秋时就已经出现。弩不同于弓，弓在新石器时代就已经产生，它借助人力；而弩是机械，威力更大，射程更远。正如恩格斯所说，"弓箭对于蒙昧时代，正如铁剑对于野蛮时代和火器对于文明时代一样，乃是决定性的武器"。

第八章 弓弩手火力压制 有甲板动力强劲

◎吴国大翼舟的人员武器配置推测

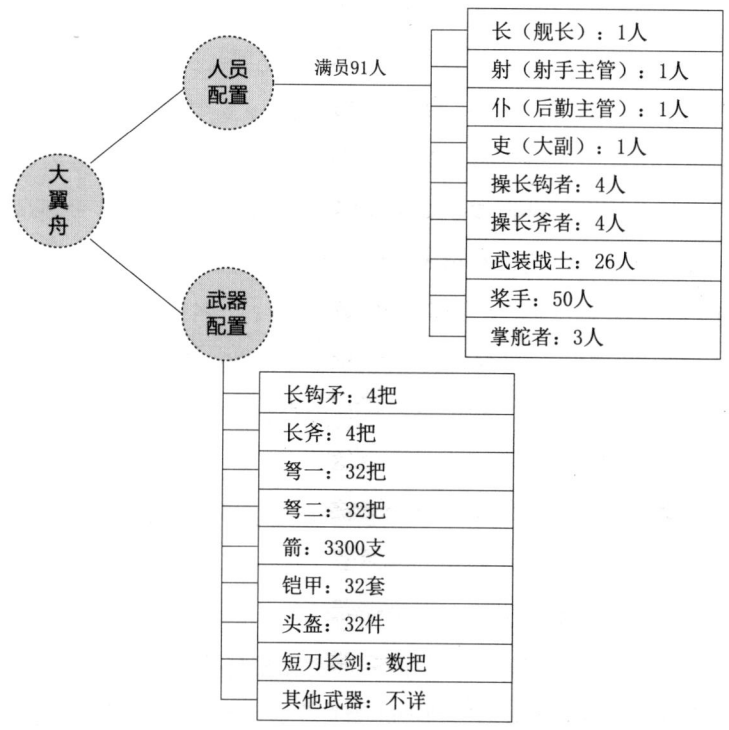

如果说弓箭好比快枪或者轻机枪，那么弩就好比重机枪或者重炮。虽然春秋时的弩未必像后世弩家族中的明星秦弩、诸葛弩那样威力巨大，但也足以让敌人心惊胆战。假如我们理解正确，大翼舟上配有两种弩，各 32 把，一共 64 把，箭有 3300 支，平均每把弩配置的箭约 50 支，应该符合当时的标准武器配置。

这里还有一个问题值得仔细探讨：弩配备了 64 把，但为何盔甲和兜鍪只有32套？全副武装的士兵，比如可以同时配备甲胄、兜鍪和武器的士兵，应该只有32人，那另外32把弩是给谁准备的呢？

手持长钩矛和长斧的8个人，因为是近距离作战，应该是要全副武装的，如果还有4位军官，这4个人也应该是顶盔贯甲的，32套盔甲扣去12套，就只剩20套了。但是战士有26人，其中6人没有盔甲护身，在战斗中是非常危险的。那么这6个不披甲的人可能是蛙人，在必要时刻，负责从水下潜到敌舰旁边执行特殊战斗任务。一艘军舰是一个独立的战斗堡垒，应该具有相对完整的军种配置。比如，我们合理推测大翼舟有1名舰长，1名大副，1名后勤主管，1名射手主管，4名长钩矛手，4名长斧手，3名掌舵者，50名桨手，20名射手及格斗兵士，6名蛙人，一共91人。当然也可能军官一直有甲胄在身，不算在内，那32套盔甲就得再做推论。

回到上面那个问题，弩一32把给了职业军人，还有弩二32把给了谁呢？有一种可能，弩二属于预备武器，当弩一出现问题时用弩二进行填补，或者弩一的箭不够用时，把配备给弩二的箭都装备给弩一。还有一种可能，就是大翼舟抢滩登陆时，或者在相持阶段不需要全力提高船速时，会有大约30名桨手迅速地转为战士，只留20人操控船只，他们则站在26名战士的后面，用弩二攻击敌人，给一线战士提供远程火力支援。当需要追击或者逃离、船只要加速时，这30名桨手立刻回归原位，划动船桨。

席龙飞先生在其著作中说："一个国家造船业的发展水平，最能反映国家的经济与技术的发展水平，是综合实力的体现。船尾舵、车轮舟、水密舱壁和指南浮针，是中国古代造船术的四大发明。"可惜，中国后来未能成为海军强国。

第八章　弓弩手火力压制　有甲板动力强劲

席先生提到了中国古代造船术上的一项重大发明，船尾舵，有了它可以更好地控制航向。如果关于大翼舟的记载是准确的，船上配备的"舳舻"3 人究竟是干什么的？西汉扬雄的《方言》："（舟）后曰舳……舳，制水也。"郭璞注："今江东呼柁曰舳。"柁念"duò"时通"舵"。《说文·舟部》："舳舻也，一曰船头。"当然，还有其他说法，但总体来说，舳舻就是指船头船尾掌舵之人。

在这里还需要提到大翼舟上的一个重要部件，那就是甲板。大翼舟上装有甲板，战士在甲板上作战，桨手在甲板下面划桨。如果 50 位桨手一齐划动，大翼舟就会在水面上来去如飞。这时，还得接上文，就是弩一 32 把，弩二 32 把，但是职业军人只有 26 人，弩一配备给他们都绰绰有余，弩二不应该只是做备用武器。笔者在此合理推测，这些桨手在某些特定场合可以作为预备部队，使用弩二负责远程火力压制。如果船有甲板，战士在上，桨手在下，这样，船上一定有密闭设施。船上应该设有舷梯，这样，桨手可以根据不同情况上下甲板提供支援或配合战斗，一切都由舰长临机决断。

大翼舟上的桨手都坐着划桨吗？恐怕不是。

1935 年在河南汲县（今卫辉市）山彪镇一号墓出土的战国"水陆攻战纹鉴"，铜鉴上有水战画面及战船。在这幅图中，两条船好像相对而战，船的形制大致相同，船身修长，两边翘起，战船上有甲板，战士站在甲板上作战。桨手的位置在甲板之下，并且采取立姿划船，可能是因为站立的姿态能更好地发挥腰部的力量，这在以人力为动力的战船上是非常有必要的，也可以证明甲板下的空间足够大。而且可以看出，桨手配有短剑，也应该是武装的士兵。因此，笔者认为，大翼舟上的弩二有可能是配备给这些桨手使用的。

吴越争霸（技术篇）

◎战国"水陆攻战纹鉴"图

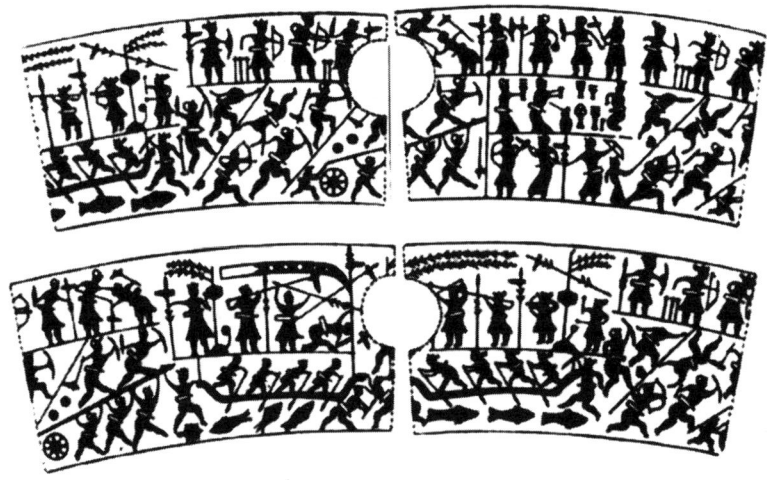

第九章　珍品藏水战机密　伍子胥创建水师

故宫博物院藏有一件文物重器,叫"宴乐渔猎攻战纹铜壶",与这件铜壶相类似的是 1965 年在成都市战国时期十号墓中出土的"嵌错宴乐渔猎攻战纹铜壶",这两件器皿纹饰展现的攻战画面在构图和技法上几近相同。

如果我们把战国"水陆攻战纹鉴"和"宴乐渔猎攻战纹铜壶"纹饰中关于水战的画面放大,并放在一起进行仔细对比,就会发现这里面所蕴含的"水战密码"。虽然不能作为大翼舟人员配置的直接证据,但是可以作为旁证。

仔细对比这两件器皿上的水战画面,可以确认:当时的战船有甲板;甲板上是战士,甲板下是桨手,桨手为站立姿势。画中有鱼的区域代表水下,水下有蛙人,可见置戈于水下防备蛙人是必需的。甲板上的战士持有弓弩、钩拒,弓弩蓄势待发;战士、桨手与蛙人全都佩剑。船尾有鼓架，有人持鼓槌敲打，这个人有可能是船上的指挥官。而船上似乎没有船帆，船头船尾也没有掌舵之人。战士似乎也没有铠甲。

◎两种战国铜器上的水战画面

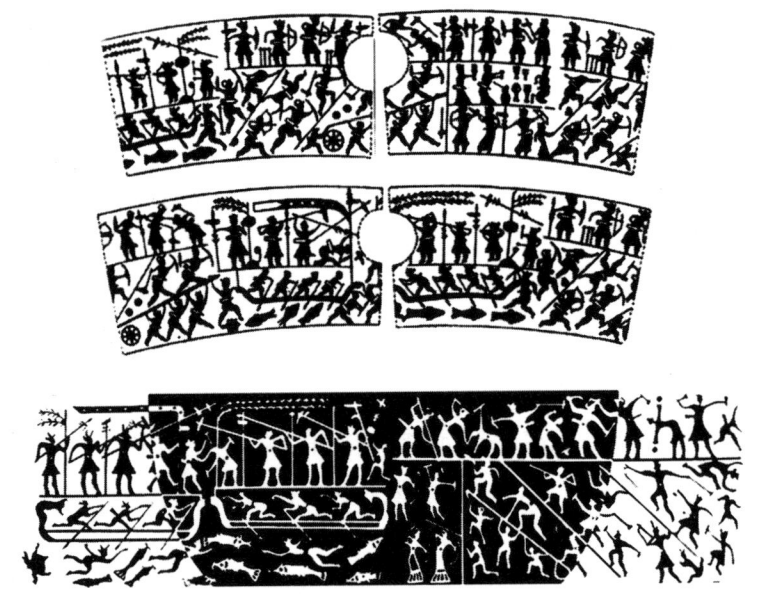

有学者根据甲骨卜辞"方其凡"，推断中国的船最早在商代时就使用了风帆。但是关于大翼舟的记载没有提到风帆，在铜器纹饰的攻战场面中也没有出现风帆，因此不能确定大翼舟是否使用了风帆。此外，这些铜器纹饰是写意作品，而非百分百写实，又限于镶嵌铸造工艺，无法把战争场面完全复原，不能据此断定当时的战船上没有风帆或舵手。

对于大翼舟进行详细考证，可以借此管窥其他类型舰船的配置、构造。

第九章　珍品藏水战机密　伍子胥创建水师

一支水军,是一个系统的工程,讲究兵种和舰只的组合搭配。伍子胥作为中国水军建设最为杰出的代表人物,他倾尽心力,不但要打造出当时中国最为优秀的战舰,更要为吴国建设一支无敌的水军。

《太平御览·叙舟下》引用《越绝书》的一段记载:"阖闾见子胥:'敢问船运之备何如?'对曰:'船名大翼、小翼、突冒、楼船、桥船。今船军之教,比陵军之法,乃可用之。大翼者,当陵军之车;小翼者,当陵军之轻车;突冒者,当陵军之冲车;楼船者,当陵军之行楼车也;桥船者,当陵军之轻足剽(piāo)定骑也。'"

这段记载说明:吴国确实组建出了水军舰队,并具有固定的建制。陵军就是陆军,伍子胥参考陆军的阵法和战法改革创新,从而创造出水军战法。舰队中的舰船有大翼舟、小翼舟、突冒船、楼船、桥船等。大翼舟相当于陆军的重车,楼船相当于陆军的行楼车,桥船相当于陆军的轻足骠骑,小翼舟相当于陆军的轻车,突冒船相当于陆军的冲车。

◎水军战船与陆军战车功能对比

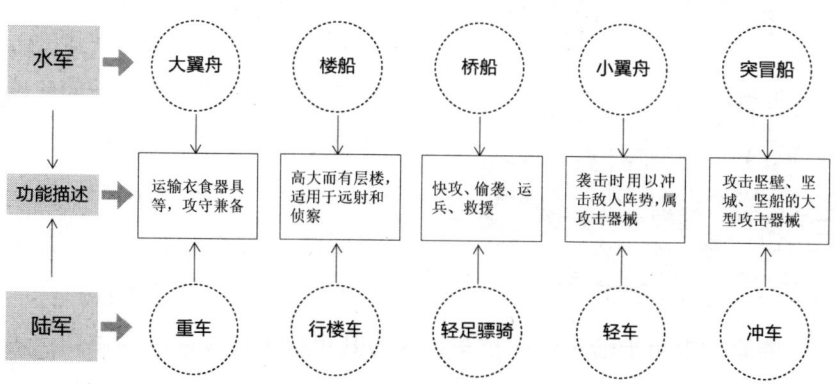

第十章　论功能各具特色　重组合水师无敌

◎蒙冲

大翼舟、小翼舟我们比较熟悉，它们属于常规战船，分别相当于陆军的重车和轻车。

突冒这种船具有坚硬的船头，尤其顺风顺流而下时更具冲击力，在战斗中负责冲击敌船，一般应该设置在舰队的最前面。《释名·释船》记载，"狭而长曰艨冲，以冲突敌船也"。艨冲（蒙冲）应该是突冒船的升级版本，形制类似。

楼船，相当于陆军的行楼车，因为其甲板上有较高的层楼结构建筑，有利于占据制高点，在远程射击和侦察导航方面具有极大优势，其作用不可替代。在伍子胥的时代，楼船应该只是舰队中的从属舰种，但

第十章　论功能各具特色　重组合水师无敌

是到了战国、秦汉之际，它就成了主力战舰和"爆款"。

到汉武帝时，楼船有十余丈高，"标配"一般是三层，在《释名·释船》中的定义则是："其上屋曰庐，象（像）庐舍也，其上重室曰飞庐，在上，故曰飞也。又在上曰爵室，于中候望之，如鸟雀之警示也。"楼船的第一层叫庐，第二层叫飞庐，第三层叫爵室，有人在第三层值守，负责侦察，能够起到警戒的作用。相传三国孙权有飞云、盖海、长安等楼船，大的上下有五层，可容纳士兵3000人。

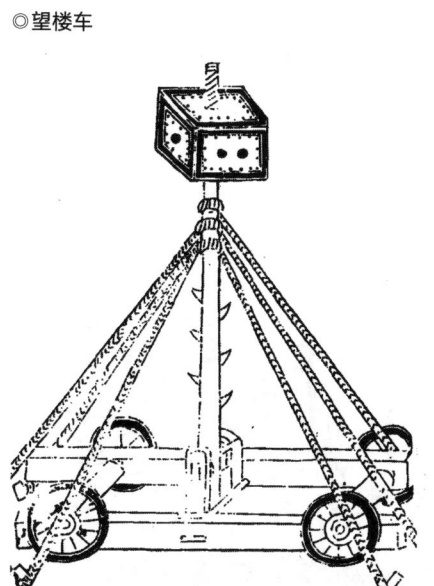

◎望楼车

成书于唐代的《太白阴经》中记载的楼船，形制更加完善，攻守兼备。书中首先认可"水战之具，始自伍员（yún）"，伍员就是伍子胥，他建立了水战理论和实践的模型，涉及阵形、阵法、舰船制造、配套设施、军事配置等各个方面。然后说楼船上"建楼三重，列女墙战格，（树）旗帜，开弩窗矛穴，置抛车垒石铁汁，状如城垒。晋龙骧将军王濬（jùn）伐吴，造大船，长二百步，上置飞檐阁道，可奔车驰马，忽遇暴风，人力不能制，不便於事，然为水军不可不设形设势"。

如果这些记载都准确的话，从中可以确认：

楼船甲板以上的建筑设计成三层结构，已经成了标准形制。

楼船上有女墙战格。女墙本指城墙上筑起的、呈凹凸形的小墙或墙垛，有利于己方隐蔽、窥视敌人，这是把地面建筑的标准形制沿用到楼船上。而战格是一种防御用的障碍物。唐代杜甫《潼关吏》诗云："连云列战格，飞鸟不能逾。"仇兆鳌注："战格，即战栅，所以捍敌者。"

楼船上有抛车。《后汉书·袁绍传》："操乃发石车击绍楼，皆破，军中呼曰'霹雳车'。"唐代李贤注："以其发石声震烈，呼为'霹雳'，即今之抛车也。"这种抛车，应该是在官渡之战两军对垒时，曹操为破解袁绍垒土山居高临下射箭而创新的武器，类似于现代的高射炮。在唐代，抛车也被安装在楼船之上，可见楼船体形非常庞大。

◎楼船

楼船上有垒石。《汉书·李陵传》："单于遮其后，乘隅下垒石，士卒多死，不得行。"颜师古注："言放石以投人。"王先谦补注："石重积而下，高若军壁然，故云垒石。"楼船上的垒石，应该是给抛车配备的炮弹。守城时，垒石可以用人力投放，在战船上平行投射时，个人膂力有限，无法发挥垒石的效能，应该是抛车使用的。也有一种可能，就是当敌人以小船攻到楼船下方时，在抛车的攻击死角改用人力来投石，给敌人以致命打击。

楼船上竖有旗帜。这时的楼船一定非常壮观，遍插旗帜以增气势，或作指挥之用。

第十章 论功能各具特色 重组合水师无敌

楼船上开有弩窗。弩窗应该是一种射箭孔,通过弩窗射箭可以远距离杀伤敌人,同时避免被敌人的弓弩所伤。

楼船上开有矛穴。矛穴应是一种用于近战的孔窗,从这里伸出长矛刺杀敌人,既能出其不意,也能保护自己。这时的楼船在防护性能上有大幅提高,设置女墙、战格、弩窗、矛穴都立足于防守,守中又有攻。

楼船相当于水上堡垒。此时的楼船充分吸纳了陆军攻守的战术思想和军事装备。船上还配备铁汁,这些铁汁如何发挥效力?我们在《武备志》中可以找到答案:"铁汁神车,用坚木造车,下设四轮以便推转。载以冶炉,熔以铁汁,剖竹为槽,涂以浆泥,晒令极干。如贼城下攻打,遂推神车以铁汁注于城下,如万道火星,四散进击,虽厚水牛革遇之,无不穿透。用生铁常炙火上令热。"楼船的体积比较大,机动性会大打折扣,会遭受诸如突冒船、戈船等攻击性强又机动灵活的战船的突击,它们会攻击楼船下方。但是因为楼船比较高,依然有居高临下的优势。此时把铁汁神车中的铁汁向下倾倒,就会迸发出万道火星,如同近距离杀伤力极大的霰(xiàn)弹枪或者子母弹,能够扩大杀伤范围。不过,在伍子胥的时代,楼船还没有这么高级的武器配置。

刘禹锡诗《西塞山怀古》中也提到了楼船:"王濬(同浚)楼船下益州,金陵王气黯然收。千寻铁锁沉江底,一片降幡出石头。人世几回伤

◎铁汁神车

往事，山形依旧枕寒流。今逢四海为家日，故垒萧萧芦荻秋。"西晋太康元年（公元 280 年），蜀后主刘禅已经投降，晋武帝司马炎命王濬率领以高大的战船"楼船"组成的西晋水军，顺江而下讨伐东吴。尽管东吴末代皇帝孙皓命人在江中布设铁锥，又用大铁索横于江面，制造障碍拦截晋船，但是终归失败。《太白阴经》记载，此时的楼船体形极其庞大，"上置飞檐阁道，可奔车驱马"，连车马都可以在上面畅行无阻，确实不可小视。

楼船虽然更高大威猛，但它也有致命弱点。以人力为动力的船只过大时，机动性会大打折扣，但是，把楼船配置到船队中，可以形成威慑、抢占制高点，所以它还是船队的标配。

在伍子胥时代，楼船远远没有后世功能强，它的主要战斗任务是侦察、望远。

桥船，是一种轻便的舢（shān）板，能够担负快攻、偷袭和运送士兵的任务。出现在《伍子胥书》上、与桥船同为轻量级战船的还有一款叫下濑船，据考证，这是一种能行于浅水急流中的平底小船。

总之，吴国舰队的船只包括旗舰"艅艎号"、戈船、大翼舟、中翼舟、小翼舟、突冒船、楼船、桥船、下濑船等，吨位不同，船形各异。除了这些战船，还有轻舟、扁舟、舸（gě）等，负责运输和后勤保障。

第十一章　周郑间矛盾重重　无可避繻葛之战

　　既然吴国水军有这么多种战船,那么在出击的时候,究竟该选择一种什么样的阵形呢?伍子胥借鉴了陆军在排兵布阵和攻守方面的战法,对水军的战法进行了革新,是陆军哪一种战法呢?据说,是大名鼎鼎的鱼丽之阵。

　　鱼丽之阵这种阵形,是在鲁桓公五年(公元前707年)时周、郑的繻(xū)葛(今河南长葛)之战中,由郑国首创的。

　　这次战争说来话长。周幽王十一年(公元前771年),犬戎灭掉了西周,这是对周天子尊严的巨大打击。当全天下的诸侯都看轻他的时候,周天子非常希望和自己血缘近的诸侯能够挺身而出,维护他的权威,他寄予厚望的人就包括郑国国君。郑国虽然是一个新兴诸侯国,是在周宣王二十二年(公元前806年)才被分封立国的,但是它和周王室的关系非常亲密。开国之君郑桓公姬友是周厉王的幼子,他的哥哥周宣王将他封在郑。后来周宣王传位于周幽王,遭犬戎之乱,于是周幽王的儿子周平王东迁洛邑，是为东周，他把王位传给周桓王。而郑桓公传位给儿子郑武公，郑武公传位给儿子郑庄公。繻葛之战是周桓王和郑庄公的对战。从周宣王算起，周王嫡系传了四代，而郑国传了三代，血缘并不远。

都是亲戚，有啥说不开的，为何非得大打出手呢？如果大家读过《左传》中的名篇《郑伯克段于鄢》，就会对郑庄公的个性有基本的了解。郑庄公叫寤生，他妈妈生他的时候难产，所以一直不喜欢他，更喜欢他的弟弟共叔段，并且有意帮助他弟弟谋夺国君之位，"多行不义必自毙"这个成语，就出自这里。郑庄公讲究谋略又桀骜不驯，最终坐稳了王位，他凭借实力不断拓展势力范围，拉拢齐、鲁，打击和削弱卫、宋、陈、蔡等，俨然是一方霸主。这样的人很容易和周桓王发生冲突。

本来周王室非常看重郑国，曾委任郑庄公的爷爷郑桓公为卿士。商代甲骨文中记载了卿史这一职位。不知卿史与卿士所指是否一致，西周时的卿士应为周王室的执政之官。周天子可以任命他认为可靠的人为卿士，这何其光荣，有些诸侯想担任都没有资格，这是对郑国国君的青眼相待。可是到了郑庄公时，由于他骄横跋扈，藐视周王朝的权威，周平王就想取消他卿士的职位。

周桓王元年（公元前719年）时，周桓王就对郑国态度强硬，想要用虢（guó）公分郑庄公的卿士职权，郑庄公就派兵割了周王室温地（今河南温县）的麦子和成周（今河南洛阳东）的谷子，这可是当时最重要的战略物资，双方矛盾越发尖锐。周桓王五年（公元前715年），周桓王终于任命虢公忌父为右卿士，以分郑庄公之权。周桓王十三年（公元前707年），周桓王又免去了郑庄公的左卿士的职务，于是郑庄公拒绝朝觐（jìn）周桓王。

周朝分封时规定，诸侯有几项重要的政治职责，一是派兵跟着周天

第十一章 周郑间矛盾重重 无可避繻葛之战

子执行军事任务,二是纳税,三是要定期朝觐天子。"天子适诸侯曰巡狩,诸侯朝于天子曰述职",天子定期巡视诸侯的领地,叫巡狩;诸侯去朝觐天子,叫述职。如果不去述职,怎么办?《孟子》上说:"一不朝,则贬其爵;再不朝,则削其地;三不朝,则六师移之。"第一次不朝见,降职;第二次,削地;第三次,天子就派兵去攻打你了。

但是,在周王室比较强势的时候,这些规矩才对诸侯有威慑力。在周桓王时代,周天子已近乎颜面扫地。但周桓王还是想重振雄风,他亲率王师,并征调陈国、蔡国、卫国三国的军队,组成联军进攻郑国。郑国也没有服软,率领军队迎战联军于繻葛。

◎繻葛之战双方的排兵布阵

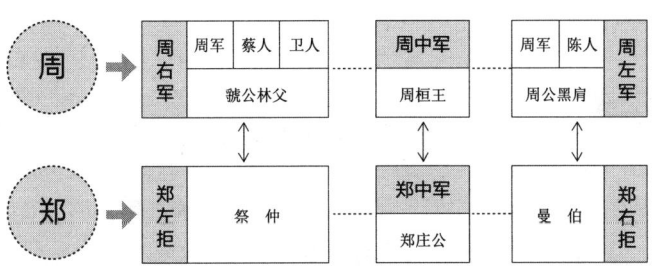

战前周军的部署是:中军由周桓王担任统帅,指挥主力;右军由虢公林父担任统帅,指挥右军及配属的蔡、卫军队;左军由周公黑肩担任统帅,指挥左军及配属的陈军。

郑庄公则采纳郑大夫子元(公子突)的建议,做出了针锋相对的安排:中军由郑庄公担任统帅,原繁、高渠弥为辅,指挥中军;右拒以曼伯为统帅,攻击由周公黑肩指挥的左军;左拒由祭仲(祭念zhài,此人字仲,又名祭足、祭仲足)为统帅,攻击由虢公林父指挥的右军。左拒、右拒即左右方阵。

而郑国在战前就分析了联军的弱点：陈国因为内乱，兵无斗志，蔡、卫军队战斗力薄弱。如果猛攻左右两翼，造成陈、蔡、卫军队的溃退，就可能把周军的部署整个带乱；然后两翼包抄，围攻联军的中军。结果不出所料，联军大败，郑国大夫祝聃（dān）箭射王肩，周桓王肩膀中箭，狼狈不堪。有人建议乘胜追击，郑庄公却见好就收，他说："君子不欲多上人，况敢陵天子乎？"君子不愿欺人太甚，又怎敢欺凌周天子呢？他如今说这话，无非怕引起其他诸侯的反对和干涉，自己找台阶下。于是当晚就派祭仲去慰问周桓王，并慰劳其左右。

◎繻葛之战过程示意图

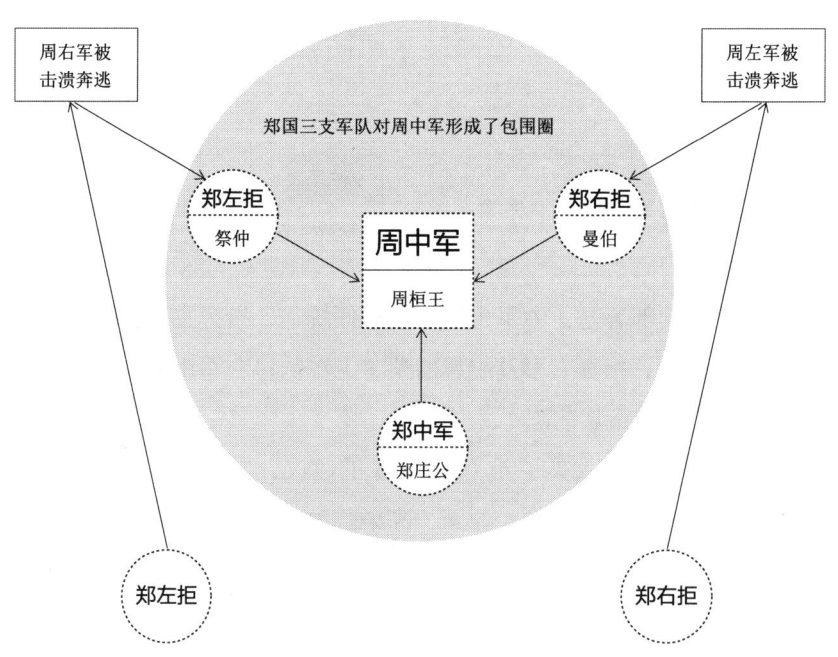

第十二章　古战车有章可循　统帅位讲究颇多

繻葛之战不是重点，重点是这场战役中郑国首创的战阵——鱼丽之阵。《左传》是如此描述的："曼伯为右拒，祭仲足为左拒，原繁、高渠弥以中军奉公，为鱼丽之陈（阵），先偏后伍，伍承弥缝。战于繻葛。"

这个阵形的所有玄机和创新性就在于"先偏后伍，伍承弥缝"这八个字。可是对于"先偏后伍"中的"偏"和"伍"，学术界颇有争议，按杜预注，"《司马法》：'车战二十五乘为偏。'以车居前，以伍次之，承偏之隙而弥缝阙漏也。五人为伍。此盖鱼丽陈（阵）法"。意思是说，一"偏"是二十五辆战车，一"伍"为五个士兵，战车在前，步卒在后，由步卒弥补战车之间的缝隙，防止战车的侧翼和后方暴露弱点，这大致就是鱼丽阵法。这个注解大体不差，但如果认为一"伍"确指五个士兵，好像人数少了点。二十五辆战车只搭配五个步兵，太少了。但如果说每辆战车搭配五个步兵，又与当时军队的基本配置不符。

战车的配置和兵员，在春秋战国时是有标准的。《管子·乘马》中

吴越争霸（技术篇）

说："一乘（shèng）者，四马也。"当时称兵车，四马一车为"一乘"。周天子兵车"万乘"，诸侯兵车"千乘"。《春秋左传注·僖公三十三年》注曰："古兵车，若非将帅，则御者在中，射者在左，戈盾勇力之士在右。"这是说一乘战车上配置三个战士。其中车左的叫"甲首"，手执戈戟，身背弓箭，负责远射，类似现代装甲战车上的机枪手，是一车之首；车右的也叫骖乘（骖，古代指驾在车辕两旁的马），他手执戈矛或者殳（shū，古代兵器，多用竹或木制成，有棱无刃），当与对方战车错车时，他负责近战，如果战车发生了故障，也由此人下车排除；中间的位置属于御者，他负责驾车，而"御"在当时是个技术活儿，就好比现在需要经过专业训练才能获得驾照，兵车上的甲首和御者都是专业人士。

◎戈的各部位名称

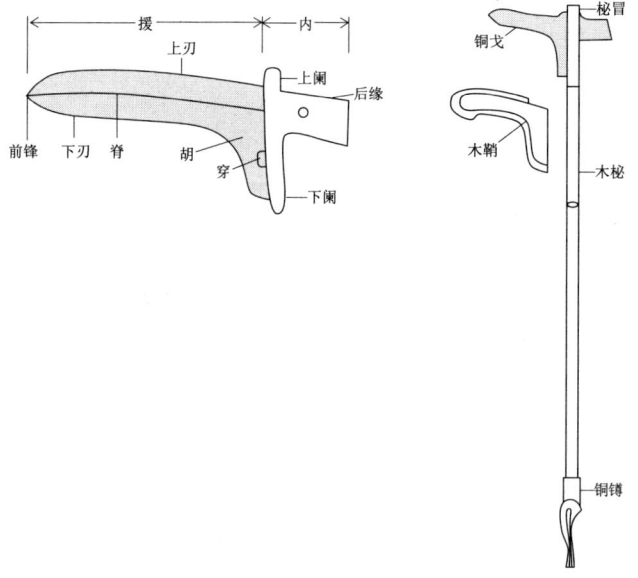

第十二章 古战车有章可循 统帅位讲究颇多

射和御是"六艺"礼、乐、射、御、书、数中比较难以掌握的两项技能。在战车上射箭特别难，自己的战车是一个移动平台，而敌人的战车也在移动，在移动的平台上射移动的目标，非常困难。驾车同样困难，例如战车在冲锋状态，提高车速的同时还要保持平稳，给射手创造瞄准的条件。当与敌方战车渐渐接近的时候，要及时调整方向，不能撞上对方的车，如果相撞，双方都可能车毁人亡。这时有一个关键性的驾驶动作，就是左旋。当两车接近时，通过左旋，既要让车右的战士抓住时机攻击，又不能影响与自己相邻的战车。左旋这个操作只有经常接受军事训练的人才能做到。

◎普通战车一乘（乘员3人）的标准配置示意图

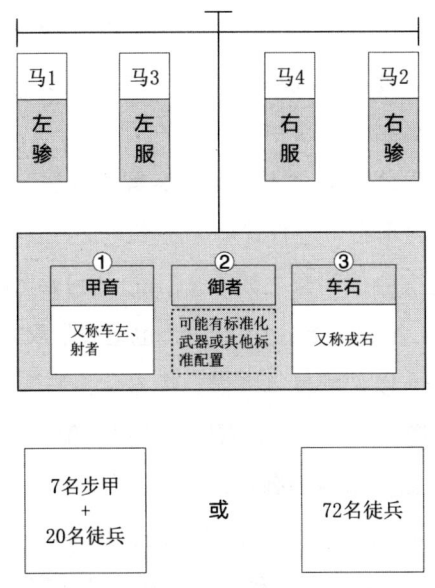

以上是普通战车射、御的要求，将帅的指挥车则要特殊对待。一般

在指挥车上，将帅居中，御者居左，车右居右，此时车右的战士类似将帅的警卫员，他所起的作用和普通的车右一样，手持长短武器，以备近战之需。而指挥车上的御者技术水平要更高。普通战车上，御者居中，比较容易看到左右路况，但指挥车上的御者成了车左，右边就有一定的视野盲区。将帅的指挥车一般不用像普通战车一样冲锋，但它是军队的灵魂和核心。在传统的冷兵器战争中，将帅的指挥范围通常是他目力所及的区域，再加上通信手段落后，将帅还是要随军行动，以便军令迅速传达。考古证据显示，指挥车上应该有锣、鼓和旗帜，擂鼓进攻，鸣金收兵，旗帜要鲜明，以便发出指挥信号。为了保护将帅的人身安全和指挥系统的通畅，指挥车上的御者和车右不论驾驶水平还是单兵作战能力都应该出类拔萃。

但也有人提出，在将帅的指挥车依然是按照车左（将帅）、居中（御者）、车右的位置安排的，比如《战车与车战——中国古代军事装备札记之一》一文的作者杨泓就持这个观点。他举的例子是，《左传·桓公三年》记载，晋国曲沃武公讨伐翼，"韩万御戎，梁弘为右"，是指韩万为曲沃武公的御者，梁弘为车右。还有就是《左传·成公二年》记载晋与齐发生的一次大战，这次会战叫鞌之战（鞌，ān，也叫鞍之战，鞌位于今济南西北，此战发生于公元前 589 年）。在这里，也记载了双方统帅指挥车上的人员配置。齐国一方以"邴夏御齐侯，逢丑父为右"，是指邴夏担任统帅齐顷公的御者，逢丑父为车右；晋国一方是"解张御郤克，郑丘缓为右"，是指解张担任统帅郤克的御者，郑丘缓为车右。

如果这些记录都没有错误，可以确定的是：统帅的指挥车乘员三人。车右的位置和人员姓名是非常明确的，曲沃武公的车右为梁弘，齐顷公的车右为逢丑父，郤克的车右为郑丘缓。曲沃武公的御者为韩万，

第十二章　古战车有章可循　统帅位讲究颇多

齐顷公的御者为邴夏，郤克的御者为解张。在这次会战中，郤克被箭射伤，血都流到了脚面上，但是鼓声未曾停止，据此可以判断将帅的指挥车上是有战鼓的。

不能确定的是将帅和御者的位置，是将帅在车左还是御者在车左。按照常理推断，将帅在车左更合理，御者居中，视线不受限制。而且如果将帅身边有金、鼓之类的设施，还要保证它们不会遮挡将帅的视线，这都需要精细的设计，而旗帜应该插在车后。

◎战争状态下将帅指挥车的配置示意图

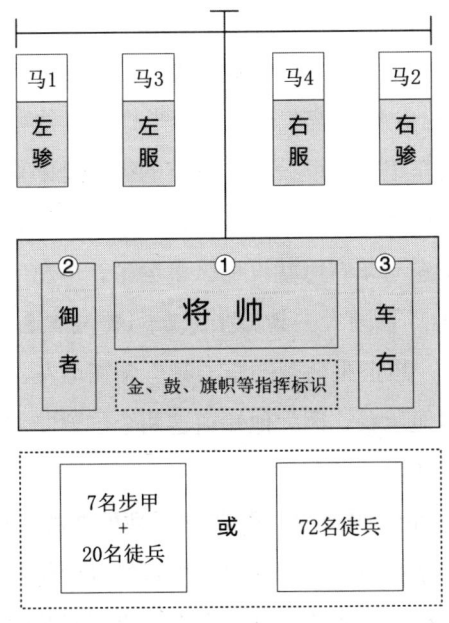

注：
①将帅指挥车是否有步甲徒兵的配置，不确定。
②将帅指挥车中将帅的位置分平时和战时两种情况，按照《周礼》，将帅可能平时居左，战时居中。

另一条有力证据是《周礼·夏官·戎右》中贾公彦的注解："若在军为元帅，则将居鼓下，将在中，御者在左。若凡平兵车，则射者左，御者居中。若在国，则尊者在左，御者亦中央。其右是勇力之士，执干戈常在左右。"这段话该如何理解又能提供多少有价值的信息呢？

首先，将帅居中还是居左，分战时和平时两种情况：分战时将帅居中，自掌旗鼓，御者居左，车右在右；平时将帅居左，御者居中，车右在右。不论战时还是平时，不论指挥车还是普通的战车，车右的位置都是固定的。战时旗、鼓、锣安放的位置要方便居中的将帅使用。

将帅指挥车以外的战车，御者一般在正中间。还是这次齐晋鞌之战，跟随郤克出征的人中有一个叫韩厥，是战国时代韩国的奠基人。战前，他梦见先父子舆对他说："早晨出兵时，你要避开车左和车右的位置。"按照他的身份，他应该在车左，于是作战时他替代御者，占据了中间的位置。他驾车追击齐顷公时，齐方的御者是邴夏，邴夏看出韩厥才是指挥官，就让射手射他，但是齐顷公认为，既然看出这是君子还射他，不合礼法。车左与车右可就没那么幸运了，车左中箭坠于车下，车右直接死在了车上。晋国大夫綦毋张（綦，qí，青黑色，綦毋是姓，张是名）的战车丢失了，想搭乘韩厥的车，綦毋张在车左、车右的位置时，韩厥都用手肘触碰他示警，因为他知道这两个位置非常危险，最后让綦毋张站在了自己的身后。

这个记载还是非常明确的，御者一般是处在战车中间的位置。而且，韩厥让綦毋张站在自己身后，说明御者的身后还有一定的空间。如果车左、车右没有死，这辆战车乘四个人是没有问题的。假如这辆车配备了第四个人，就称之为"驷乘"，驷乘是车右的副手，只是不知驷乘具体站的位置是在御者之后还是车右之后了。

第十三章　一乘车标准配置　君子言驷马难追

一乘战车的标准配置不止于车上的人，还要配跟随的徒兵，徒兵就是步卒、步兵。一乘战车究竟要配置多少士兵？这又是一个学术界争论不休的话题。大致有两种说法，一说是 30 人，一说是 75 人。30 人的建制是车上 3 个甲士，车下 7 个步甲以及 20 个步卒。75 人的建制是车上 3 个甲士，车下跟着 72 个步卒。基本共识是：不同的配置是由时代决定的，西周初期应该是 30 人，到了春秋时代则是 75 人。

那么战车一乘的基本配置是这样的：一辆战车，4 匹战马，车上 3 名武装战士（车左、御者、车右），标准化武器（弓箭、戈、矛、戟、殳），7 名步甲搭配 20 徒兵或只有 72 名徒兵。

这种配置不是固定不变的，而是在不断发展和变化。根据中外考古研究，车战的演变，需要一些关键的技术突破。

首先是把野马驯化成家马，把家马训练成战马，这是一个长期的历史过程。最开始是牛、驴拉战车，改由马来充当战车的动力，是一大技术突破，因为马的机动性、冲击力和耐力更好。

车辆的设计制造也是一个难点，当冶炼技术提高后，能够使用青铜乃至铁来制作战车零部件，车辆的性能才有大幅度提升。

战马与战车实现完美结合，同样需要长期摸索。战车有一匹马拉的，可能实战效果不好，不是主流配置；有两匹马拉的，叫"丽（通骊）"；有三匹马拉的，叫"骖"；而四匹马拉的战车，叫"驷"。这种战车时速最高，所以有"君子一言，驷马难追"的说法。成都有一座升迁桥（讹传为升仙桥），据说司马相如题词"不乘驷马高车，不过此桥"，显示了追求富贵的决心，侧面证明，驷马高车是当时臣子的顶配座驾。而天子车驾六马，即"天子驾六"。

◎普通战车一乘（乘员4人）的标准配置示意图

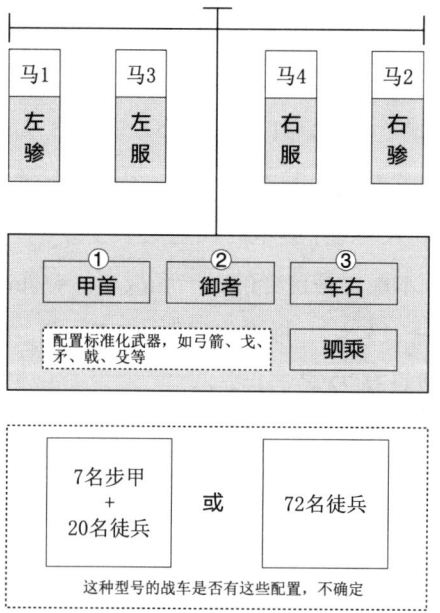

第十三章　一乘车标准配置　君子言驷马难追

拉战车的四匹马同样值得探讨。驾驭驷马战车是当时的高新技术。当时的战车一般分单辕和双辕两种，如果是四匹马驾驭，中间的两匹叫"服"，分别为左服、右服；外侧的两匹马叫"骖"，分别为左骖、右骖。这四匹马也有等级和优劣之分，左服、右服是主驾马，需要体力好、耐力强，能够承受住战车的整体重量。而左骖和右骖则需要做出许多高难度的战术动作，尤其在战车左旋时，既要与敌方战车错开，又要给车右的战士一个最舒服的攻击角度，此时全车的重心都压到左骖的身上，它不仅要体力好，而且要非常聪明，可以迅速领悟御者的意图。右骖同样重要，作为战车左旋时最外侧的战马，与敌人最接近，它的心理素质要好。这四匹马在这个时候还要有很好的协作能力，否则，万一有的向左使力，有的向右使力，就形不成合力了。这既要御者有高超的驾驭技巧，又要对战马进行长期训练。甚至可以说，训练一匹合格的战马所要付出的心血比训练一个特种兵还多。

◎六辔及其系法

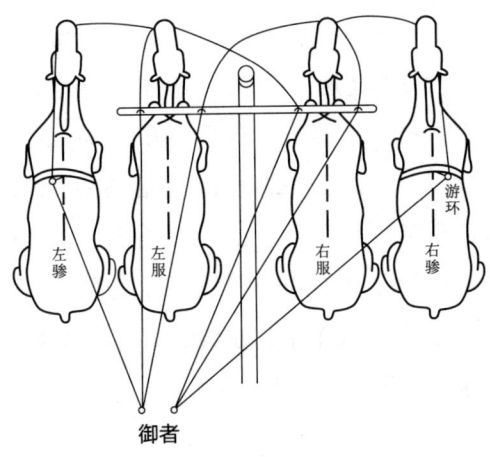

◎车战"左旋"示意图

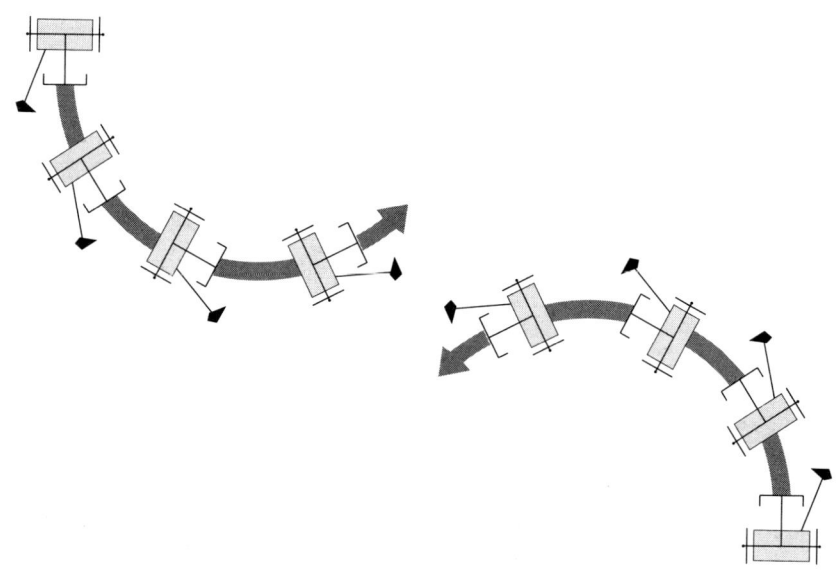

左骖是四匹马中最好的那匹,还有一些其他的佐证。晏子到晋国外交访问的途中,遇到沦为奴隶的贤士越石父,就"解左骖赎之以归"。司马穰苴治军时,要杀掉犯军法的齐景公宠臣庄贾来立威,齐景公派人火速去救,在军营驾车超速,犯军法,同样需要治罪,但国君的人不可杀,于是就杀其左骖以示警告。秦晋"崤(xiáo)之战"时,秦国全军覆没,主帅孟明视被俘,后来被释放。但晋襄公反悔,派阳处父去追,此时孟明视已经到了船上,阳处父就解下左骖,借晋襄公的名义说要送给孟明视,企图诱其上岸。这也可以证明,左骖应该是四马当中最好的那匹马。总之,在驷马战车中,左骖、右骖的战术功能应该是优于左服、右服的,这两匹马必须"品学兼优"。

第十三章 一乘车标准配置 君子言驷马难追

◎ "疏行首"示意图

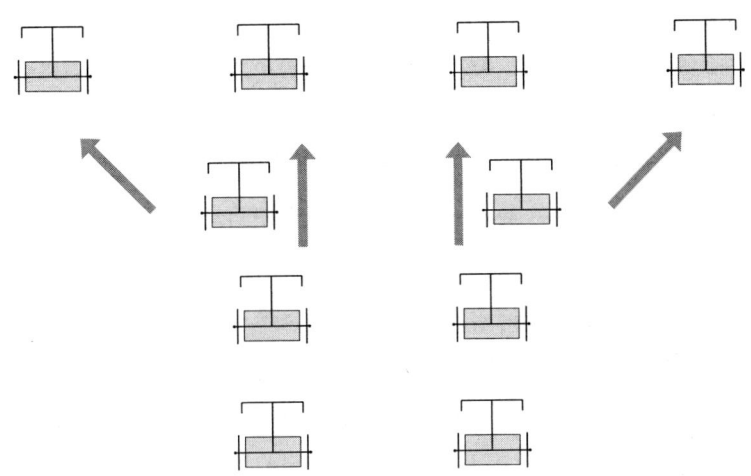

中国历史上把战车的战斗力发挥到极致的,是秦始皇时代的秦军。在秦始皇陵三号坑出土了一辆战车,配有4名乘员。这样在使用弓箭和近战时,战斗力都会大大提高。秦国还有一种小戎车,乘员只有1人。可见,在漫长的战车历史中,拉车的马一般在1—4匹,乘员一般是1—4人。天子乘坐6匹马拉的超豪华车驾是例外。常见的战车三人四马的配置也不是一成不变的,可能还有很多细节湮没在历史中。

还有一个要素,能决定战车人员、机动性和战斗方式,那就是车舆,舆的本义是车厢。金玉国的《古代车战考究》一文,比较了很多的中外考古发掘成果,提出车战的发展是循序渐进的,大致有四个阶段:车下作战、车上与车下相结合作战、车上作战、与其他兵种协同作战。这与车舆的改良不无关系。车舆的大小可以通过两侧车轴之间的距离进行估算,如果车轴距离过窄,就不可能配备足够大的车舆,头重脚轻一定会翻车。描绘车战实景的壁画可显示：如果是只能配置一名战士的车舆，战士左手握着缰绳，右手拿着短柄武器，很难在车上作战，战车只能起到运输战士的作用，双方交兵时还是要下车战斗。如果车舆的围栏太低，也很难实现车上作战，因为承受不了兵器相交时产生的冲击力，只有当车舆充分改良之后，才能在车上直接作战。

知道了战车上的人员、武器、金鼓、旗帜、动力、车舆等，就可以想象单个战车作战的场景。那么车兵与步兵的协同作战又是什么样呢？协同冲锋应该是以方阵的形式，战车应该是排成横列，限于马匹的动力和当时车辆的灵活度，很难做出更加精准的战术穿插动作。

春秋时代的战争，战场上往往都速战速决，很少有旷日持久的，有的甚至一天见胜负。战车上的士兵一般由最低一级的贵族"士"来担任。当时的贵族在政治和经济上享有很多权利，其中参军权、参政权、祭祀权是最为核心的权利，参军是他们的责任、义务，也是他们实现人生价值和获得荣誉的最佳途径。而对于平民和奴隶来说，战争却是沉重的负担。担任战车徒兵的大多是平民和奴隶，尤其奴隶，在贵族的眼里只是会说话的工具，多承担后勤工作。

第十四章　鱼丽阵横空出世　伍子胥借尸还魂

　　说完了战车的人员配置，我们再来看鱼丽之阵。"先偏后伍，伍承弥缝"，车兵与徒兵要怎样配合作战？《春秋时代的步兵》作者蓝永蔚先生认为是"把战车摆在前面，把步卒分散配置在战车的左右和后面，使战车和步兵互相掩护，结成一个坚固的整体"。而杨英杰先生在其《战车与车战》一书中的见解是："先偏后伍即是战车在前，步卒在战车两侧居后，构成'品'字的锋、后结构。如数车并排，居车侧后的步卒恰好弥两车之缝。鱼丽之阵的个体单位是一辆战车后带数卒，战车为中心，卒为羽翼，车、卒互相配合，彼此呼应。"

　　两相比较，似乎杨先生的论断更让人信服。史料有限，阵形是否如两位先生所说，不得而知。我们可以参照现代战争的"步坦协同"战术来理解，战车好比坦克，后面跟着步兵阵列，呈品字形，由步兵来弥补两辆战车之间的缝隙，可能这就是鱼丽之阵的标准阵形。

◎鱼丽之阵

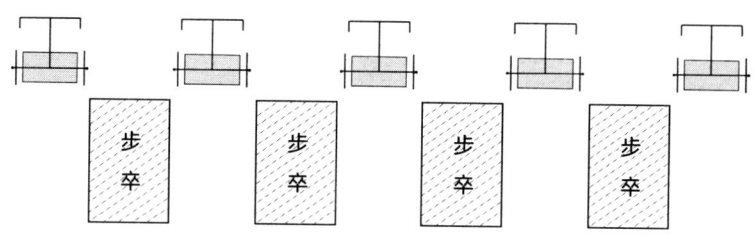

先偏后伍,伍承弥缝

鱼丽之阵如果只是阵形的变化,还不足以被历史铭记,它一定是突破了传统思维的某些局限,并且在战场上发挥了威力。西周时就已经开始有了步兵协助车兵的战法。如果此前步兵只负责后勤,战斗只由车兵执行,而鱼丽之阵的步兵可能也参与战斗,并且弥补了车兵的不足。

一般车战是捉对厮杀,相遇之后,各自左旋,然后车右互相攻击,既然是"伍承弥缝",可能当敌方战车与己方战车交手之后,跟在战车后面的步兵也对敌方发动攻击。

杨英杰先生认为,"鱼丽"二字"本意当指游鱼多密,集群而行"。笔者认为有这个可能性。郑庄公将手下的车兵和步兵组成了不同的战斗单元,像鱼群一样行动协调,组成小的方阵,形成了局部强势。每个战斗单元都设有指挥官,类似于连排长,可增强临战指挥的机动性。

《周郑繻葛之战与"鱼丽"之阵》的作者赵长征先生同意杨英杰先生对鱼丽之阵的整体定义,但不认可对"鱼丽"的定义。他认为此阵还是"线性的、比较单薄的阵形",但由步兵在后面提供强力支撑,攻防兼备,以防为主。在周军中军攻击时,郑军中军不动,只需坚守,待左军和右军取胜,再对周军中军形成钳形攻势,最后便可大获全胜。

西方研究战史的专家比较喜欢研究公元前 216 年的坎尼之战,由汉

第十四章　鱼丽阵横空出世　伍子胥借尸还魂

尼拔对抗罗马军队，也是以弱胜强，而且整体战略战术的运用，与缠葛之战有异曲同工之妙。而缠葛之战比坎尼之战早了五百年，除了规模不及，在战史上同样具有创造性和意义。

这就是研究先秦史的最大苦恼，史料极其匮乏。研究历史，一是靠典籍，二是靠考古，考古的准确性大于典籍，可是考古（兵马俑除外）出土的器物如果不能形成证据链，也很难复原历史的宏大场面。

《史记》最大的价值，除了文学价值、历史价值，就是其战略价值了，如果不从大战略的视野看《史记》，真的读不出太多味道。可是，一旦你把《史记》研究纳入战略轨道，你就会打开绚烂世界的一扇大门，可以说，那里遍地都是黄金。如果历史研究只停留在故事层面，那就矮化了历史，简化了历史，也让思维停留在较低层次。

而且，先秦史书中对于战术和排兵布阵的记述往往过于简略，战略和为将之道才是重点所在，这不能不说是一种遗憾。《左传》记述比较详尽的是城濮之战，《战国策》记述相对详尽的是长平之战，《史记》记述比较详尽的是韩信用兵，而其他很多记录，侧重于战前的谋划、道义的力量和君王将帅的用人用兵之道。

上文所举的很多战例都有一个共性，就是都属于大兵团的野战。在西周、春秋早期，车战是主流战法，由于车战的战场必须选择在开阔平坦的地带，加上当时是一种贵族战争，讲究礼仪，一般不像后来的战争那么野蛮，主要是"约架"，在约架时都有非常漂亮的外交辞令，好比举办一次"论坛"。战场一般设在对战两国的边境线上，边境线又称为边疆，所以在边境线上的战场就叫"疆场"。

《左传》也多次记载了攻城战，但在西周和春秋前期，攻占坚固堡垒的战役还是偏少。到了春秋末期、战国前期，出现了灭国战役，比如吴国攻陷楚国的首都郢都，越国攻陷吴国的首都姑苏。这时，持久战、攻坚战和速决战、运动战成为战争的主要形式。攻城战就是典型的攻坚战，野战的普通战车就不再适用了。

《周礼》把车分为五类：戎路、广车、阙车、革车、轻车。戎路是君王的指挥车，广车在阻绝敌人时可充当障碍物，阙车是充当预备队的机动战车，革车是指有防护设备的战车，轻车就是战斗车辆。《孙子兵法》里，孙武把战车分成驰车和革车两大类，比较清晰。曹操注解道："驰车，轻车也，驾四马；革车，重车也。"轻车适于野战、运动战，重车适于运输、后勤、防守、攻坚战。

而伍子胥建立吴国水军时，战船的样式、功能也参照战车设置，以实现不同的战略战术目标。

如何排兵布阵？把不同的战舰组成不同的方队和战斗单元，在每个方队中，战舰的组合都要遵循一个原则：作为一个战斗整体，既要发挥每种战舰的最大的优势，同时又要互补，弥补其最大的劣势。大翼舟、戈船的综合能力最强，但是不如小翼舟、桥船便捷；小翼舟、桥船便捷，但不如突冒船坚固，能横冲直撞；突冒船坚固，但不如楼船之高耸，敌方动态一览无余。

由于我们没有还原出鱼丽之阵的准确阵形和攻击方法，也就无从还原出伍子胥模仿鱼丽之阵创新的水军阵法。如果将鱼丽之阵简单理解为冷兵器时代的步坦协同战术，那么，在与之相近的伍子胥水战战术中，谁是"坦克"，谁为"步兵"呢？

突冒船不应该是坦克。"突冒者，当陵军（陆军）之冲车"，它依靠自身的坚固进行冲击。突冒船相当于冲车，最适合从正面或者侧后方攻击敌方的舰队，尤其在顺流而下时，可冲击敌对水军的方队，撞翻其战

第十四章 鱼丽阵横空出世 伍子胥借尸还魂

船，打乱其阵形，这才是它最大的战术价值。

楼船也不应该是坦克。到秦汉时期，楼船的武装配置才逐步完善，在以人力和风力为主要动力的时代，它的机动能力是非常值得怀疑的。在伍子胥的时代，它的最大价值还是现场直播战场动态，以便指挥官临机决断，担任"主战坦克"不太现实。

小翼舟、桥船、下濑船等只能是水战中的"步兵"。虽然它们的机动能力强，适合追击敌人，适合游击战和运动战，但是综合作战能力很有限，也不适合担任"坦克"。

中翼舟介于大翼舟和小翼舟之间，有些尴尬，应该不是主要的战船类型。

担任"坦克"的，可能还是大翼舟和戈船，它们相当于陆军的重车。在由它们组成的攻击阵形中，突冒船可以担任前锋，楼船负责殿后，小翼舟、桥船、下濑船充当步兵，弥补一字排开的大翼舟或者戈船战队之间的缝隙，机动性强，可以随时支援主战战舰。舰队撤退时，这些"步兵"也能非常好地完成断后任务。

第十五章　真横行战龙在野　假设想舟师无敌

让我们用现代舰队的概念来对吴国水战的排兵布阵做一些具有创造性的设想。

首先要把吴国的战船进行分级：甲级——吴太伯级（"艅艎号"）；乙级——吴王寿梦级（戈船、大翼舟、楼船）；丙级——吴王阖闾级（中翼舟、突冒船）；丁级——吴王夫差级（小翼舟）；戊级——伍子胥级（桥船、下濑船）。

为何要选择这几个人物命名各个分级呢？

甲级，除了吴太伯不做第二人想，他是吴国的创始人和精神领袖，更是周文王、周武王的恩人，他的谦让使文王父亲季历获得继承权，文王才有机会创立周朝八百年基业。并且"艅艎号"是王舟，是吴国水军的旗舰。

在吴国历史上，吴王寿梦也是一个关键人物。司马贞在《史记索隐》中说："寿梦初霸，始用兵车。"寿梦当政 25 年，在位期间任用的

第十五章　真横行战龙在野　假设想舟师无敌

人才巫臣是吴国车战的总策划人,"与其射御,教吴乘车,教之战陈(阵),教之叛楚"。巫臣本身是楚国人,因迷恋夏姬叛逃,辗转到了晋国,成为"楚才晋用"的典型。后来他又为实现晋国联吴制楚的策略来到吴国,教授军事技术,而驾车技法、排兵布阵是车战的核心技术,吴国的军力因此获得相当大的提升。"吴始伐楚,伐巢、伐徐……蛮夷属于楚者,吴尽取之,是以始大,通吴于上国",吴国通过征伐楚国及附属国,获得了利益,开始具有大国的气象。寿梦的四个儿子先后有三个成为吴王,老大为吴王诸樊（其子吴王阖闾）、老二馀祭、老三馀眜（一作余昧,其子吴王僚）、老四季札。因此,以吴王寿梦命名乙级是很恰当的。

用吴王阖闾命名丙级,吴王夫差作为现任君主命名丁级。而伍子胥作为水军的缔造者和实际统帅,也应该占据一席之地,故此用伍子胥命名戊级。

用现代舰船与吴国舰船一一对应,大致如下:

指挥舰:"艅艎号";

巡洋舰:大翼舟、中翼舟、小翼舟、戈船;

战列舰:突冒船（主）、戈船和大翼舟（副）;

护卫舰:楼船、小翼舟、戈船;

驱逐舰:下濑船、戈船;

反潜舰:戈船;

登陆舰:下濑船;

游弋舰:大翼舟、戈船;

补给舰:大翼舟、戈船、轻舟、扁舟、舸等。

"艅艎号"是王舟,是当之无愧的旗舰,担负指挥的功能。虽然

吴越争霸（技术篇）

◎ 吴国航母战斗群阵形

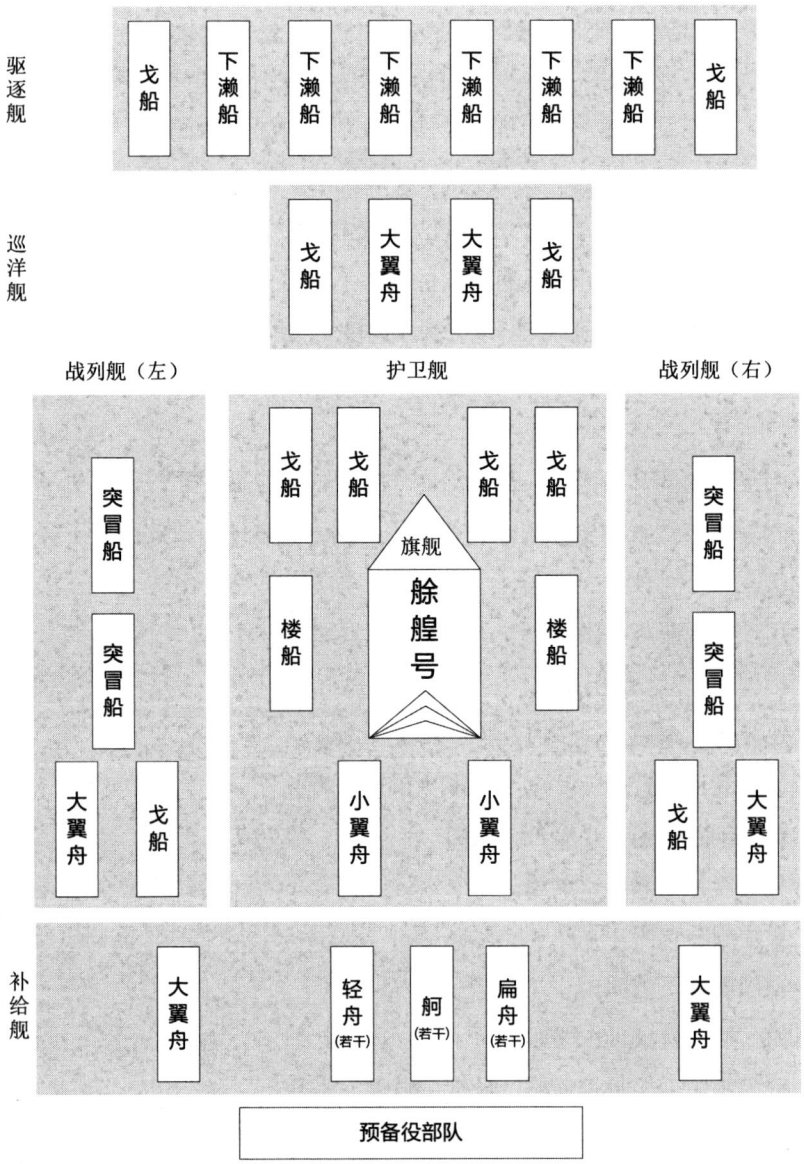

第十五章　真横行战龙在野　假设想舟师无敌

"艅艎号"的尺寸不可考,但是席龙飞团队在对它进行复原时,考虑到与大翼舟尺寸(长 27.6 米,宽 3.68 米)的差距和配合,估计其为长 40 米、宽 8 米的大船,有生活区和作战区,设置阁楼以利于观望和指挥。船首和船尾有旗杆,方便插旗帜、灯号、战鼓、铜锣等物。艅艎的标识则借用商代青铜器的鸟兽图案。如果把吴国的水军舰队比作航母编队,那么"艅艎号"就是吴国的航母。

航母出行需要组成编队,如此庞然大物,战斗力再强,机动性不足,难免会成为敌人的靶子,即便是现代航母也有这个致命弱点。首先需要护卫舰和反潜舰,可以给"艅艎号"担任护卫的有楼船和小翼舟,楼船最突出的功能就是登高望远,有利于指挥官掌握瞬息万变的战场态势。但是它与"艅艎号"有类似的弱点,楼层太高、机动性不强,因此需要配备小翼舟,小翼舟载员 80 人,桨手也应该在 50 人左右,战斗力和动力都非常优越,虽然不及大翼舟、中翼舟,作为护卫舰足够了。春秋时各国已经开始使用水鬼或者蛙人实施水下攻击,所以在"艅艎号"的周边也要布置反潜舰。大家应该还记得戈船的功能,船下放置戈戟,防备来自水下的攻击,这是守卫"艅艎号"的最后一道屏障,由楼船、小翼舟和戈船担任护卫职能。

现代驱逐舰的用途是防空、反潜、登陆作战,为舰队扫除潜在危险,扩大安全行驶范围。在"吴国航母战斗群"中,戈船具有反潜的功能,由它与下濑船配合,起到驱逐舰的作用。下濑船是行于浅水急流中的平底快船,在以风力、人力为船只动力的时代,快船想要快,或者体形小,或者桨手超额配置。虽然找不到关于下濑船的详细记载,但它应该是小船,载人数应该是 10—20 人,它又是平底船,非常有利于登陆。当需要两栖登陆的时候,出动 20 艘下濑船就可以运送一个连的战士，足以实现中小规模作战的目标。

现代巡洋舰是一种火力强、用途多，主要在远洋活动的大型水面舰艇。它装备较好的进攻和防御型武器，具有较高的航速和适航性，能在恶劣气候条件下长时间进行远洋作战。那么"吴国航母战斗群"由哪些舰船担任巡洋舰呢？我选择大翼舟、中翼舟、小翼舟、戈船。这四款都属于当时的大中型船只，虽然戈船的火力配置我们不得而知。越王勾践在最强大时拥有戈船300艘。可以推定，戈船也是一款常用的、标准配置的船只。大翼舟我们是知道的，标准载员91人，桨手50人，战士26人，弓弩、箭矢、长斧、长钩矛、盔甲等一应俱全，火力强大，可以独立作战。它配备了进攻和防御武器，50名桨手提供动力，足以来去如飞，同样具有远航能力，承担巡洋舰的职责。

再看"吴国航母战斗群"中的战列舰。现代战列舰是一种具备大口径攻击火炮与厚重装甲防护的高吨位海军作战舰艇。在航母时代之前的巨舰大炮时代，战列舰是海上霸主。它有两个最重要的特点，一个是火力猛，一个是抗打击能力强。舰首的设计更是重中之重，因为战列舰的一项战术动作就是撞击敌舰，而且要考虑撞击的速度、角度。在吴国舰队的船只中，突冒船就是适合撞击的舰船，但是战斗力不得而知，因此同时还要以戈船和大翼舟为辅助，共同充当战列舰。

航母战斗群的后勤补给也是必不可少的，尤其当这个编队需要登陆作战时，战船、士兵、武器、粮食都会有极大损耗。因此，需要配备大量补给舰，轻舟、扁舟、舸足以担负此项职能。轻舟、扁舟船小速度快，舸是大舟，不知道是否具有战斗功能。这类舰船都是军民两用，偏重于运输，不像大翼和戈船等，定位就是军舰。在补给舰队中，同样需要配备大翼舟和戈船，提供武装护卫。补给舰队为战船运输战士、粮

第十五章　真横行战龙在野　假设想舟师无敌

食、武器、盔甲等。

战争讲究的是策划和构思的周全，要事先推演可能遇到的各种最坏结果，并备好相应的预案。预案越周全，在应对各种突发事件时越从容，从而保证战争的胜利。如果由伍子胥担任"吴国航母战斗群"的指挥官，他还应该配备预备役部队，这是在最危急的时刻投入的最后一支有生力量，或者择机给敌人致命一击，或者掩护大部队安全撤离。他们掩藏在波涛和水雾的深处，却是一把利剑。

吴国的战船上已经配备旗帜、铜锣、战鼓等，这是指挥官传递指令的重要工具。只靠这些工具，指挥小规模舰队没有问题，指挥大型舰队群就不够了。这时要设置一些游弋舰，既承担侦察的任务，也负责传递信息、下达指令。这也能让指挥官了解目力不及之处的战况，以便及早预判。承担此项任务的，应该还是大翼舟或戈船。

假设"吴国航母战斗群"确实存在，遇到敌情时应该如何应对呢？第一道防线应该是驱逐舰编队，负责侦察、反潜、导航等，由下濑船和戈船组成。当发现敌人时，要是小股敌人，可以像《孙子兵法》上说的那样，"十则围之，五则攻之，倍则分之"。如果我方兵力是敌人的十倍、五倍，就可以围攻或主动进攻；是敌人的两倍时，就可以分而治之。但如果敌人太过强大，那么，我方打得过就打，打不过就跑。但是，不论是围、是战还是跑，都要及时派出游弋舰向第二道防线和旗舰通报信息。第二道防线可以根据战场的状况，及时作出反应。如果第一道防线吃紧，或者有良好的战机出现，即便没有收到旗舰的指令也要当机立断。

第二道防线主要是巡洋舰，由大翼舟和戈船组成，其左后方和右后方由战列舰即突冒船、戈船或者大翼舟等护卫，主力是突冒船。战列舰在外围守卫旗舰安全，但如果战斗进入白热化，它就要冲到第二道防线，利用自己可以冲击敌船的优势，支援巡洋舰的战斗。

必要时，旗舰"艅艎号"的编队要整体向前推进，如果与敌方形成拉锯战，还需要用好楼船制高点上的射击单位。楼船也要向前推进，支援突冒船、大翼舟、戈船等战列舰和巡洋舰组成的稳固防线。此时第一道防线的下濑船和大翼舟或许也会退守第二道防线，或者包抄敌后。第二道防线是需要死守的，如果它被撕开口子，旗舰的门户洞开，就有被敌人乘虚而入的危险。但如果突冒船、大翼舟、戈船和楼船组成了防护网，发挥突冒船的冲击性能、大翼舟的快与火力猛、戈船的反潜功能、楼船居高临下的火力压制，战斗力会很强。此时，旗舰指挥官会根据战场情况，让补给舰及时运输物资和战士。而预备役部队是最后一张王牌，不可轻易示人，不到万不得已，会死死捏在手里。

第十六章　抓细节见微知著　产业链深度拓展

以上是对吴国水军舰队的探讨，其中也有合理的推测和近乎浪漫的幻想。《史记》原文关于吴国的水军建设仅有只言片语，笔者为此四处搜寻史料，像侦探一样顺藤摸瓜，试图复原吴国水军的整体形象。这是因为，作为非学术的普及读本，要补充大量的细节，才会好看。

历史上的伍子胥不仅仅是一个复仇者，而是中国历史上少有的军政奇才，修建苏州城，建设吴国水军，都是他的赫赫功绩。

早在春秋战国时代，中国水军就已经具有远洋航海能力了，只可惜后世失去了探索海洋的热情。更让人惋惜的是，当时吴越没有经济一体化的概念，两国君主也没有命运共同体的概念，不能坐下来共同商讨区域一体化发展，而是为了争当霸主展开激烈的军备竞赛。

吴越两国出于军事需要，为了快速集结兵力，运输军粮、武器，进行国际贸易等，都大力发展造船和航海业。

吴国军舰应该也是从民用、商用舰船发展而来的，但是由于它具有独特的军事用途,在舰船的结构、性能、装备上的技术标准一定比民用船只高很多。比如大翼舟,设有桨手 50 名以增强机动性,而且配备了弓箭手、长斧手、长钩矛手等。船只设计要符合战斗需要,要有利于近舷战斗和远程攻击,大翼舟上也应该设有类似掩体的结构。因此,军舰一定要有独立的生产线。

吴越两国军舰的开发水平应该在伯仲之间。两国为了争霸,一方面会加强自身的原创能力,另一方面也会派出间谍刺探对方的军事机密。如果西施是一位女间谍,那么吴国的军事机密会源源不断地传递给越国,吴国有的,越国一定会窥探,而越国有的,对于吴国也同样不会是机密。

越国鼎盛时期掌握着全国五个沿海港口中的三个,即句章(今浙江宁波)、会稽、琅琊,另外两个海港在今天的秦皇岛和烟台。

既然吴越两国能够生产这种大型舰船,就一定会有与之匹配的大型造船基地。在《越绝书》第八卷中记载:"舟室者,勾践船宫也,去县五十里。"《越绝书》第二卷说:"柤(lì)溪城者,阖庐(即阖闾)所置船宫也。"

吴越两国都设有"船宫",说明这是一个必要和重要的所在,它究竟是干什么用的?第一种解释是停泊军舰的军港,第二种解释是造船工场,后一种应该是主流说法。在越国,这个距离国都五十里的地方一定是交通便利的港湾。如果是造船工场,一定有主管,并且有木客、作士、楼船卒等日夜忙碌。从生产线下来的军舰需要测试性能,在造船工场周边往往会有大型军港,这与船宫是军港之说也并不矛盾。

比如吴国生产的"艅艎号",长度可能在 40 米左右,是那个时代当之无愧的巨舰。制造这样的舰船,肯定不能用木板简单拼装,而要用上

第十六章　抓细节见微知著　产业链深度拓展

最复杂的技术和工艺。

这样的大船一定需要设计图纸，由吴国舰船的首席设计师亲自操刀，从规格尺寸、材料准备、结构分析、军工设计等方面入手，做出一个高屋建瓴的方案。

船官需要有船台和滑道。船的主体结构应该在岸上完成，但也必须下水做性能测试。大型的舰船肯定不能单靠人力扛抬，应该有由枕木、滑板和木墩等建成的类似于铁轨的滑道，而且，如果是批量生产，这一类设施更是必不可少。

船官需要有舱（niàn）匠。《天工开物·舟车》说："凡船板合隙缝，以白麻斫絮为筋，钝凿扱入，然后筛过细石灰，和桐油舂杵成团调舱。"舱匠是制造和维修木制船舶的重要工种，沿海一带常见。其主要工作是对新木船的板缝进行填补，或者对旧木船漏水处进行修补，以保证船体密闭防水。吴越争霸时，舱匠是否用桐油、石灰和白麻絮作为原料不得而知，但是弥合船板缝隙这个程序在当时是必须有的。行驶于水面上的舰船，船板上哪怕有针眼大的漏洞都可能造成灭顶之灾。据说周昭王之死就是楚国人在船上动了手脚，行至汉水中途船体瓦解，他这才遭遇不测。管仲在讨伐楚国时把此事当成出兵理由。

船的整体架构应当十分讲究。像"艅艎号"这样的大型舰船，船壳、船架、甲板、船舱、船面建筑都是必不可少的。它应该融合了大翼舟、戈船、楼船和突冒船的各种优点，比如大翼舟的动力系统、军工设计，戈船的反潜功能，楼船的高层建筑和突冒船的坚硬船头。

船的部件应经过精细加工。"艅艎号"体现了当时吴国的军事实力、经济实力，也是吴国科技的集大成者，这样一艘巨舰想要成功下水，需要多如牛毛的零部件。而在春秋末期，吴越的青铜冶炼技术和冶铁技术都有长足进步。这种大型舰船上关键部位的榫卯之处是否用到青铜器零件或者铁质零件，尚需进一步考证。

舰船整体装修也会很考究。舰船的设计要兼顾实用性和美观，又要突显威武之气。"艅艎号"作为旗舰，一定装修豪华。对舰船进行装修，不仅仅是为了美观，更是为了防腐，毕竟舰船需要长时间浸泡在水里。"艅艎号"后来成了吴国的功勋战舰，由几代吴王先后传承。使用时间如此之长，防腐措施一定非常完备。有人根据《抱朴子》"艅艎鹢（yi）首，涉川之良器也"这句话，推断"艅艎号"的船体上有鹢鸟之首的标识。鹢，古书上说是一种像鹭的水鸟，古时有画鹢鸟于船头的传统，所以鹢首可代指船头或者船。不过《抱朴子》这句话里的"艅艎"和"鹢首"应该都是船的通称。

船上也会配备武器和生活设施。比如，"艅艎号"正式下水和服役之前就需要把武器和生活设施配备齐全，然后就可以在浩渺的大江之上展现威武不屈的战斗意志了。

第十七章　工程院主抓技术　伍子胥深化改革

《越绝书》记载:"官渎者,勾践工官也,去县十四里。"这个工官应该是管理全国工匠的最高长官,类似越国的工程科学院院长,管理造船的技术工人应该只是他一部分职责,因为当时除了造船,还有冶铁、铸剑、生产弓弩等其他军工生产。既然越国有这个职位,吴国也一定有,也会有类似的机构设置。

至此,笔者再做一个相对合理的假设。

吴国为了振兴水军,发展船舶产业,致力于打造一条军工产业链,成立了由吴王夫差、孙武、伍子胥、伯嚭组成的核心决策团队。具体执行人是伍子胥,他在具体执行的过程中,成立了"工程科学院",由工官担任"院长"。这个科学院不仅负责管理全国建造舰船的工匠,还要统筹管理冶铁以及生产弓弩、军队佩剑和其他配套设施的工匠。科学院至少设有六个核心部门:设计处、采购处、工程处、科技处、训练处和人力资源处。

当吴国提出水军发展的五年规划整体目标之后,由设计处编制《吴国水军工程发展五年纲要(公元前514年—公元前509年)》,制定《吴国造船工场设计规范》《大翼舟工程技术标准》等,并且设计出大翼舟、中翼舟、小翼舟、戈船、突冒船和楼船等主力战船的图纸。根据舰船的数量和实施进度,就木料、零部件、人力等方面向采购处、工程处和人力资源处提出配置需求。

建造舰船的主要材料是木材,越国一般派木客、作士、楼船卒进行大规模的木材采伐。后来战败,也曾作为附属国向吴国进献好木材,但都被吴王夫差用于建设游乐宫殿了。吴国和越国一样需要发动相关工种,对木材进行大规模采伐。建造舰船需要的林林总总的零部件,一方面由吴国"国有企业"提供,一方面由科学院采购处向"民营企业"购买,实行统一采购。

科技处的主要职责是促进最新科技成果向军工产业的转化。由于吴国地缘政治的特点,车战不如水战,加之战舰的设计制造本就已达到一流水平,因此,吴国最新的科技成果首先会运用到舰船上。科技处要经常组织专家进行学术交流,而且要成立"孵化基地"和"科技实验区"。例如:当时的一流铸剑大师干将、莫邪的"吴国名剑铸造有限公司"就是被成功孵化的项目。苏州古城有一个匠门,又名干将门,因"吴王使干将铸剑于此"而得名。铸剑技术的发展带动了冶铁和相关手工业的发展。武器铸造等方面的最新研究成果也会有利于水军的发展。当然,除了原创,吴国也可能动用间谍,偷师越国、楚国、齐国等传统水军大国的先进技术,不断更新迭代。

训练处的职责是在战船配备战士和武器之后,组织开展实战训练,包括排兵布阵的演练。而人力资源处的职责是对人员、工匠进行宏观调

第十七章　工程院主抓技术　伍子胥深化改革

控和微观调拨，以及奖惩、职务升降和绩效考核等。

工程处是"吴国工程科学院"的核心部门，是战舰诞生的地方。参照现代船厂，工程处也应设有五个生产车间：

第一，放样车间。设计处给出了设计图，这是从纸上落地的关键一步。比如，大翼舟的长约27.6米，宽约3.68米，配备50名桨手，26名职业兵士，船员总数91人，船上有武器仓库，也要安放锣鼓、旗帜等。这一切都必须严格按照准确的技术参数来设计制造，放样车间负责把二维的设计图变成三维立体的模型，船体、各个部位以及零件的形状、尺寸等，都要具体、可供操作。

第二，木材预处理车间。对木板进行处理，尤其是对已经成型的木材进行防腐、喷漆等预处理。如果防水处理不好，一旦下水将会非常危险。

第三，船体加工车间。对木材进行号料、切割、弯曲，对零部件进行细致加工，尤其是号料工作非常关键，要根据产品图样，严格校对数据，保证设计图、样板、材料三者一致。

第四，组装车间。把零件装配成部件，对船底、船舷和甲板等大型部件进行组装，船底和各部件的接合处，要由经验最丰富的舱匠进行舱合，最后上一遍漆，并做好防腐、外壳涂装等工作。此时船面建筑也要安装完毕，完成下水前的一切准备。

第五，船坞（露天或室内船台）及下水设施。完成全部的装修装饰工作，将船体滑行或漂浮下水，做好码头试验，准备交付使用。

以上情况，有些有出处或考古证明，其他则是笔者发挥想象、进行推测的产物，不是严谨的学术考证。

第十八章　空猜想造船工场　水战法独领风骚

到目前为止，并没有发掘到吴越两国舰船的实物，比如"艅艎号"、大翼舟、戈船等。我们只能借助之前提到过的战国"水陆攻战纹鉴"等青铜器上绘制的图画来推断。

1974年，在广州市中山四路发现了一个"秦代造船工场遗址"，曾经名列中国十大考古发掘之一，但其真实性屡受质疑，参见《广州"造船工场"实为建筑遗存》《广州秦汉造船工场遗址试掘》《"广州秦代造船工场遗址真伪研讨会"纪要》等文章。其中《"广州秦代造船工场遗址真伪研讨会"纪要》(2001年第7期《学术研究》)一文是由一个豪华的学术团队完成的，涵盖文物、考古、历史、地质、海洋、地理、建筑、科技、交通、船史等各方面的专家，最终他们给出结论：那是一处南越国宫殿的遗址。如果那是一处秦汉造船工场的遗址，将会给考古和文明增加一抹多么绚丽的色彩啊！

本书不是学术作品，在符合历史事实的基础上，还是要展开想象，

第十八章　空猜想造船工场　水战法独领风骚

让我们生出浪漫的双翼，化身为纵横九霄云上的鲲鹏，穿透历史迷雾，俯视苍茫的大地，寻找文化之源。

如果关于大翼舟尺寸和人员配置的记载没有错误，大翼舟长将近 30 米，定员 91 人，不是小船了，没有船台和造船工场，想要制造这样大的船只是不可想象的。

越王勾践在鼎盛时期，仅戈船就有 300 艘，如果这个记载没有错误的话，没有大型造船工场、标准化生产线，组织建造如此大规模的船队，也是不可想象的。

吴王夫差派兵从海路进攻齐国，越王勾践派范蠡带领船队从海路进入淮河堵截，齐景公在海上游乐半年，如果这些记载都准确，当时的航海技术和造船工艺必定到了很高的程度，否则征服大海是不可想象的。

如果"水战之具，始自伍员"这句话没有错，那么，伍子胥真可谓天才政治家和军事家，他对中国水战和舰船应该有原创之功，只是他没有孙武那么幸运，留下《孙子兵法》光耀千古，《伍子胥水战兵法》未能流传下来。人们往往只记住他复仇的惨烈，而忽略他卓越的才能。

如果不是伍子胥等先驱在造船技术上取得重大突破，秦汉三国就很难创造中国第一个造船技术高峰。伍子胥大约生活在公元前 559 年—公元前 484 年这个时间段，距离秦始皇生活的年代约 250 年，距离汉武帝生活的年代约 300 年，距离三国和西晋初年约 550—600 年。秦皇汉武为了兼并战争和寻找蓬莱仙山，多次派大型船队出海。据《史记·平准书》记载："是时越欲与汉用船战逐，乃大修昆明池，列观环之。治楼船，高十余丈，旗帜加其上，甚壮。"汉武帝时的楼船已经高十余丈了，一丈为 231 厘米。而到了三国孙权时，大型楼船的载员可达 3000 人之多。这样的技术不会是一蹴而就的。

吴越争霸（技术篇）

◎伍子胥和吴国对中国水军的贡献

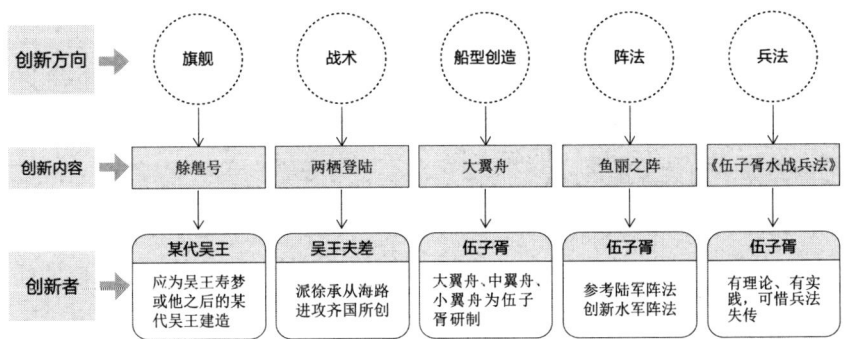

可以合理推测，春秋末期的伍子胥是一个造船技术的集大成者，他集结了当时水准最高的船舶设计师和造船科学家，在与越国竞争和互相学习的过程中，把战船的配置、水战的理论、造船的技术、造船工场的标准化等推上了一个新的历史高度。吴国一定有当时最为先进的造船工场，暂时没有考古证明，不代表它们就不存在，也许只是历史的风浪过于汹涌，淹没了它们存世的证据。

第十九章　越王剑刃如秋霜　吴王剑匣里龙吟

吴越两国的舰船、造船工场，固然没有考古发现可以证明，但是吴越两国的兵器，却有很多让人目眩神驰的伟大的考古发现。

让我们先看看到目前为止出土的具有代表性的越王兵器：

名称	发现地点或来源	形制特征和铭文	所在博物馆	备注
越王勾践剑	1965年出土于湖北江陵望山一号楚墓	长55.6厘米，宽5厘米；剑身两面有黑色菱形花纹；剑格（护手）正面嵌蓝色琉璃，背面嵌绿松石；剑身刻有两行铭文"戉（越）王鸠浅""自作用剑"	湖北省博物馆	国家一级文物，被誉为"天下第一剑"；据考证，"鸠浅"即越王勾践

续表

名称	发现地点或来源	形制特征和铭文	所在博物馆	备注
越王者旨于睗剑	1996年出土于安徽寿县西圈墓地	通长54.5厘米，宽3.5至4.6厘米；剑身铭文一面为"戉王戉王"，一面为"者旨於（于）睗"	寿县博物馆	者旨于睗为越王勾践之子，又名鼫与、鹿郢、与夷；故宫博物院、上海博物馆等处也藏有此类铭文的越王剑
	1995年由杭州钢铁集团购回并无偿捐赠	长52.4厘米；剑身铭文一面为"戉王戉王"，一面为"者旨於睗"	浙江省博物馆	
越王不寿剑	不详	长69厘米，是所有存世的越王剑中最长的一把	台湾收藏家龚钦龙藏	不寿为越王勾践之孙
战国越王丌北古剑	1987年出土于安庆王家山战国墓	通长64厘米，茎长9.6厘米，剑格宽5.2厘米；剑身铭文共32字，有"越王丌北古""自乍（作）用金（剑）"字样	安庆博物馆	一般认为丌北古即盲姑，即不寿，越王勾践之孙
越王州勾剑	1973年出土于湖北荆州藤店一号楚墓	长56.2厘米；剑身近格处有两行铭文，每行四字，分别为"越王州勾""自作用剑"	荆州博物馆	州勾是越王勾践的重孙
战国越王州勾错金铜剑	不详	通长57厘米，宽4厘米，格宽4.5厘米；剑身近格处有错金铭文"戉王州句（勾）自乍用金"	浙江省博物馆	

第十九章 越王剑刃如秋霜 吴王剑匣里龙吟

续表

名称	发现地点或来源	形制特征和铭文	所在博物馆	备注
越王嗣旨不光剑	不详	全长 67.3 厘米，身宽 4.5 厘米，柄长 9.3 厘米；剑身铭文有"戉王戉王"，字错金，"台嗣不光，旨（稽）不光"，字错银	绍兴博物馆	越王不光即越王翳，越王朱勾之子，又名不扬。带有"嗣旨"字样的佩剑是他做太子时使用的
越王不光剑	民间征集	全长 59.5 厘米，剑身宽 4.7 厘米，前锋略作弧收；剑身铭文有"戉王戉王"和"不光不光"字样	绍兴博物馆	

再看看到目前为止出土的具有代表性的吴王兵器：

名称	发现地点或来源	形制和铭文	所在博物馆	备注
邗王是野戈	不详	通高 6.9 厘米，宽 14.9 厘米，重 0.24 公斤；舌形短援，援末下垂成胡，胡后有扁圆形銎，上有一穿，内呈镂空的鸟兽状；两侧有铭文"邗王是野，作为元用"	故宫博物院	邗王即吴王，有史学家认为"是野"即吴王寿梦
吴王诸樊剑	2018 年出土于河南汤阴羑河东周墓地	通长 42 厘米，柄长 9 厘米；中脊两侧各有铭文 14 字，共 28 字，为"工㝵王姑发者反，自乍元用；已用以获，莫敢御余；处江之阳，台北南西行"	安阳市文物考古研究所	

079

续表

名称	发现地点或来源	形制和铭文	所在博物馆	备注
吴王寿梦之子剑	1997年在浙江绍兴鲁迅路出土	残长39.5厘米,剑茎残长3厘米,扁茎,无格,无首;剑身两侧有铭文40余字	绍兴越国文化博物馆	
吴王余（馀）眜剑	民间征集	通长57.5厘米,宽4.8厘米;剑身铭文75字,完好无损,是集兵器、礼器于一身的罕见珍品	苏州博物馆	余眜同馀眜,吴王寿梦之子、吴王馀祭的兄弟;这把剑是先秦兵器中铭文最长的,其中"姑雠"一词第一次出现在铭文中,与姑苏音近
春秋吴王僚剑	2008年12月征集所得	通长41厘米,最宽处2.7厘米,茎长9.5厘米;剑身铭文为"攻敔王者彶虥虝自作元用剑"	无锡博物院	据考证,"者彶"即吴王僚,这是目前唯一一把吴王僚剑
吴王光剑	不详	重1公斤,剑身修长,剑刃锋利;剑体铭文为"攻吾王光,自作用金"	上海博物馆	吴王光即吴王阖闾,这把剑是吴王光剑中最长的一把
春秋攻吾王姑发者反之子通自作元用剑	2003年出土于新泰市周家庄东周墓地	通长46.8厘米,宽3.9厘米,脊厚0.9厘米;扁茎无格,茎上有圆形穿,剑身修长;剑身两侧铭文分别为"攻吾王姑发者反""之子通自作元用"	新泰市博物馆	国家一级文物;攻吾即吴,姑发者反指诸樊,此剑也称吴王诸樊之子通剑

第十九章 越王剑刃如秋霜 吴王剑匣里龙吟

续表

名称	发现地点或来源	形制和铭文	所在博物馆	备注
吴王夫差剑	2013年，苏州市人民政府斥资4250万元征集台湾古越阁58件青铜兵器，其中就包含此剑	通长58.3厘米，身宽5厘米，格宽5.5厘米，茎长9.4厘米；剑身近格处有铭文"攻敔王夫差自乍其元用"	苏州博物馆	吴王夫差剑存世多把，这一把算是品相最好的
吴王夫差矛	1983年，湖北江陵马山五号墓出土	长29.5厘米，最宽处5.5厘米；矛身有两行8字铭文，为"吴王夫差""自乍用铊"	湖北省博物馆	据考证，铊为矛属兵器

这两个表格分别列举了五代越王与四代吴王存世的十余把兵器，以越王剑和吴王剑为主，也有戈、矛。这些兵器精度之高，独步古今，且具有代表性。它们依然存世，拥有无与伦比的说服力。

从出土的武器可以看出，越王和吴王有坚忍不拔的王者气度，其武器尤其是佩剑，代表了国家的威严。在现代人眼里，越王勾践剑风光无两。但以当时的科技水平来看，吴国的兵器更胜一筹，"吴国制造"才是春秋时代军工领域的金字招牌。

第廿章 存争议越王世系 无争议吴剑独秀

到目前为止发现的越王剑中,年代最早的是越王勾践剑。同时期的吴王是夫差。吴王夫差向上推三代,其曾祖吴王寿梦的"邗王是野戈",祖父辈的吴王诸樊剑、吴王馀眛剑,父辈的吴王僚剑、吴王光剑,在当时就已经成为兵器艺术的最高典范。

各代越王剑越铸越好,有一种可能是,吴国被灭国之后,兵工厂中的铸造技师都被越国接管。吴国在军工制造上积累的宝贵经验和人才都被越国继承,这让本已是一流制造强国的越国成为无可替代的霸主,"越国制造"在两千年之后也是让人叹为观止的奇迹。

为了让读者产生更直观的印象,有必要把越王剑的传承梳理一番。在此之前先看一下越王的世系表。因为同一位越王往往有不止一个称呼,与越王剑的名称对不上,难免让普通读者一头雾水。

综合学术研究成果,以《中国历史年代简表》为主线,并参照《越王世系考辨》《越王勾践世系问题试考》,梳理越王的传承如下:

第廿章　存争议越王世系　无争议吴剑独秀

◎ 从越王允常开始的越王世系

通用越王名称	别名	兵器名	备注
越王允常	元常	命欧冶子铸造五把名剑	勾践之父，开疆拓土，始称越王
越王勾践	越王按勾践剑铭文为鸠浅、菼执	越王勾践剑	
越王鹿郢	与夷、䱩与、者旨于睗	越王者旨于睗剑	勾践之子
越王不寿	盲姑、亓北古	越王不寿剑	鹿郢之子
越王朱勾	朱句、州勾、翁	越王州勾剑	不寿之子
越王翳	不光	越王不光剑	朱勾之子
越王诸咎			越王翳之太子
越王错枝	孚错枝、诸枝		诸咎之子
越王无余之	莽安		
越王无颛			
越王无疆	无强		一说为无颛之弟，为楚所败，被杀，灭国

这个表格中的越王世系依然存在很大的问题，存在巨大的争议，并没有标准答案。我们采用的只是其中一种说法。

尽管没有标准答案，但是分析过考古发现的越王剑和越王的传承，就可以断定，越王剑显然立足于自主研发，并且在全面继承吴国技术的基础上，把青铜剑铸造推上了前无古人后无来者的高度。

这个或可称为"标准答案"。

越王勾践之时，越国国力达到顶峰。从越王勾践剑上，今人仿佛依然能感受到当时的霸气。

越王勾践剑、越王者旨于赐剑、越王不寿剑、越王州勾剑、越王不光剑，这五代越王剑虽然也有品质的差异，但从整体来看都属于超一流的青铜剑。

上文已经提到过，越国的军工技术并不是一骑绝尘，吴国与越国是并驾齐驱的。而且分析考古发掘成果可知，吴国的青铜剑制造技术似乎更为先进。

邗王是野戈，一说为吴王寿梦时代的作品。吴王寿梦有四个儿子，诸樊、馀祭、馀眛、季札，前三个都相继成为吴王，春秋攻吾王姑发者反之子通自作元用剑是诸樊为太子时的佩剑，吴王诸樊剑无疑是他在位时的作品。后来的考古发掘中，还发现了吴王馀祭剑，而吴王馀眛剑创造了一个"最"，它是目前所见先秦兵器中铭文最长的一把。

一般来说，剑体上的面积有限，不适合刻太多的文字，但是吴王馀眛剑非常奇怪，竟然刻有 70 字之多，为后人留下了丰富的历史信息。里面提到三位吴王：吴王寿梦、吴王馀祭和剑主本人吴王馀眛，并且记录了伐麻、御荆（楚）、御越三次战争，符合礼器的特征。礼器就是古代中国在祭祀、宴飨、征伐及丧葬等礼仪活动中使用的器物，用来表明使用者的身份、等级与权力。有一种可能是，当时青铜属于珍贵的战略物资，吴国舍不得铸造中原那种体积庞大的礼器，就在青铜剑上刻录历史，充当礼器。当然，这把剑是不是基于这样的考虑，不得而知。

吴越两国的君主非常有意思，不论他们是在做太子时还是成为君主之后都要亲身指挥战役。这两个国家似乎很崇拜勇武之人，即便是太子或者君王，都要在战斗中表现出过人的勇力与才智，统治才能稳固。公元前 548 年，吴王诸樊讨伐楚国的附庸巢国，中箭身亡。公元前 531 年，吴王馀祭攻打越国，打了胜仗，但是却被阍（hūn）者刺死。阍者，

第廿章 存争议越王世系 无争议吴剑独秀

守门之贱者也,是守卫城门或官门的最末等的职位,这个阍者是来自越国的俘虏。公元前 496 年,吴越槜李之战,吴王阖闾脚趾受伤而死。这三位吴王都死在了战场上,吴王阖闾的大儿子终累也常年带兵打仗,去世之后才由夫差继位。吴王夫差虽然没有死在战场上,但是热衷用兵,几乎年年发动战争。

因此,佩剑对于吴王来说,是离不开的枕边"人"。每一代吴王不仅大力发展军工产业,而且自己的专属武器也都有超越常规的严格标准。从吴王寿梦到吴王夫差,四代吴王的兵器都精良异常,这足以证明吴国的军工生产水平卓尔不群。

第廿一章　夫差剑千古哀叹　吴季札松枝挂剑

作为越王勾践的死对头，吴王夫差生前留下了无法挽回的遗憾，千载之后，人们似乎依然能听到他的叹息。

但是，在现代，他的佩剑多次与越王勾践剑组合展览，在艺术面前，他们握手言和了。如果从艺术观赏性上看，吴王夫差剑不如越王勾践剑漂亮，越王勾践剑剑身布满深色菱形花纹，庄重华贵，虽然在阴暗潮湿的环境中沉默了 2500 年，但是在它身上好像没有留下岁月的痕迹。如果比较材质、工艺和锋利程度，两者在伯仲之间，而吴王夫差剑出土数量远远多于越王勾践剑。

按照《吴王夫差剑八问》考证，存世的吴王夫差剑有很多把：中国国家博物馆 1 把；荆州博物馆 1 把；洛阳博物馆 1 把；山东博物馆 1 把；辉县文管所 1 把；湖北省博物馆 1 把；邹县文管所 1 把；我国香港和台湾地区各 1 把；美国哈佛大学 1 把。另据《吴王夫差铜器集录》记载，天津市艺术博物馆藏有 1 把。而若论完好无损、品相上乘，苏州博

第廿一章　夫差剑千古哀叹　吴季札松枝挂剑

物馆收藏的这把吴王夫差剑当数第一。

如果这些记录都没有问题，那么基本可以确定获得权威认证并收入知名博物馆的吴王夫差剑有十余把，没有公开的私家藏品不好统计，所以也有人认为实际存世的吴王夫差剑更多。笔者在梳理吴王剑、越王剑的资料时，查阅的资料数不胜数，但不敢妄下断言。

这些剑身上往往有"自作其元用"的铭文，就是做来自己使用。吴王夫差为何需要这么多把以自己命名的宝剑？是不是有赝品鱼目混珠？

如果只把刻有"自作其元用"的剑当成吴王夫差的佩剑，就有些过于狭隘了。镌刻"某吴王自作其元用"字样的青铜剑应该是该吴王在位时品质最高的青铜剑的代表，它是该吴王的品牌标识，是权力象征，也可以视为一种国家名片。

每位吴王与越王在位时铸造的吴王剑与越王剑，一定有不止一把，即使目前考古发现只有一把，被视为海内孤品，但这不代表世上只存在过这一把，可能还有很多把已经消失在历史的尘埃中。这些宝剑也不可能是批量制作的。物以稀为贵是其一，工艺复杂是其二，原材料昂贵是其三，体现国君唯我独尊的意志是其四，它们在当时就会是无价之宝。

吴王剑或越王剑主要功能有五：本人佩剑、馈赠下属、权力标志、作为礼器、充当国礼。

佩剑是吴王剑和越王剑的首要功能。吴越两国的君王不同于其他国家，他们都会亲临前线指挥战役，这种军旅生涯锻炼了他们的意志，也让他们对兵器情有独钟。因此，他们在位的时候，会不惜重金选取最佳的材料，又礼贤下士，招揽当时顶级的铸剑大师，为自己铸造当世精品。吴王剑和越王剑是象征着至高荣誉和指挥权力的信物。

上文提到过的吴王馀眛剑，剑体上竟然刻有 70 字之多，令人吃惊。这样的吴王剑其功能已不止于实战。按照春秋时代"国之大事,唯祀与戎"的价值观,这把剑兼具祭祀和军事征伐两项功能。由此可以推断,其他的吴王剑、越王剑可能也具有礼器的功能。

这些剑出自名家之手,千锤百炼,在当时是无价之宝,甚至成了很多国君的梦想。比如"季札挂剑"的故事中,徐国国君毫不掩饰对季札佩剑的喜爱。让对方看见自己眼中的贪婪,这在当时已经是非常失礼了。只是季札当时还有外交任务,需要这把剑,只好假装不知道,但当时他已经决定要把这把剑送给徐君了。待他返回徐地,徐君却已去世。季札重视承诺,即使没有宣之于口,于是他把剑挂在徐君墓地的树上离去。徐人嘉而歌之曰:"延陵季子兮不忘故,脱千金之剑兮带丘墓。"季札心存仁义礼智信,以自己的言行诠释了君子的品格。而"吴国制造"青铜剑的魅力,也随着这个故事永远被记录下来。

季札是吴国的"无冕之王",他的父亲吴王寿梦想让他继承王位,但他将王位让与兄长及兄长的儿子,一直拒绝不受。从这个层面上看,季札之剑其实也应该算是吴王之剑。所以当季札想赠剑给徐君时,从者制止他说:"此吴国之宝,非所以赠也。"

第廿二章　青铜剑千锤百炼　名家铸价值连城

季札之剑是吴国之宝，越王勾践剑也是越国之宝。可是，闻名遐迩的越王勾践剑却不是在越国的土地上发掘出来的，而是在湖北江陵一座楚国贵族的墓中出土的。它怎么穿越了时空？对此，专家有两种说法：

第一种是嫁妆说。勾践曾把一个女儿嫁给楚昭王为姬妾，很可能这把剑作为国礼陪嫁到了楚国，最后楚王又赠送给了臣子，最后辗转进了这座贵族墓陪葬。第二种是战利品说。战国初期，越国被楚国所灭，曾为霸主的荣光烟消云散。很可能在这次战役中，越王勾践剑成了战利品。至于哪一种说法才对，没有直接证据。但如果战利品之说成立，那么从越王勾践去世开始算，即从公元前 465 年到越国灭亡，此剑在越国也已经传承了一百余年。

吴王剑和越王剑为何在那个时代里无人能及，堪称青铜剑史上的珠穆朗玛峰？应该和这几个原因密不可分：民风尚武，国君重视；材料绝佳，选材严苛；鼓风技术，实现突破；大师众多，名家辈出；工艺精湛,匠人精品。

上文提到的吴王剑、越王剑都是现代人的命名,这些剑在当时有没有专属称号,不得而知。笔者遍查《史记》《越绝书》《吴越春秋》,发现吴越争霸时的名剑主要集中在吴王阖闾、吴王夫差、越王允常、越王勾践这几代。有些名剑历史上确有其剑,有些则只存在于文学描写中,富有传奇色彩,也可以从侧面印证吴越青铜剑的贵重。

关于考古中的吴越名剑,已经做过梳理和探讨。如果对文学作品中这一时期的名剑做个粗浅的归类,大致包括六类:

第一类,君子之剑:君子之剑的典型代表就是季札剑,前文说过。

第二类,刺客之剑:吴越争霸时期最有名的刺客就是专诸和要离,因此,鱼肠剑是刺客之剑的代表,专诸用它刺死了吴王僚,成就了吴王阖闾和伍子胥的霸业。

第三类,暴君之剑:所谓的暴君之剑,主要是指属镂剑,据说伍子胥、文种都死在此剑下,这把剑成了暴君诛杀忠臣、功臣的帮凶。

第四类,名家之剑:在名家辈出的时代,铸剑大师以自己的作品来奠定专业地位,干将剑、莫邪剑是千古神兵,湛卢剑据说也是欧冶子的代表作品。

第五类,仁者之剑:湛卢剑,是越王允常委派欧冶子锻造而成的,后来归于吴王阖闾。相传,当吴王阖闾的统治变得残暴异常之时,"湛卢之剑,恶阖闾之无道也,乃去而出,水行如楚",楚昭王得吴王湛卢之剑于床上。

第六类,王者之剑:文学层面上的王者之剑说法不一,今以《越绝书》的记录为准。越王允常、越王勾践父子拥有五把宝剑,其中三把是长剑,两把是短剑,第一把叫湛卢剑,第二把叫纯钧剑(也称纯钩剑),

第廿二章　青铜剑千锤百炼　名家铸价值连城

第三把叫胜邪剑，第四把叫鱼肠剑，第五把叫巨阙（quē）剑，据说这五把剑都是欧冶子的作品，是受越王允常委托所做。

◎文学、史书以及考古发现的吴越名剑

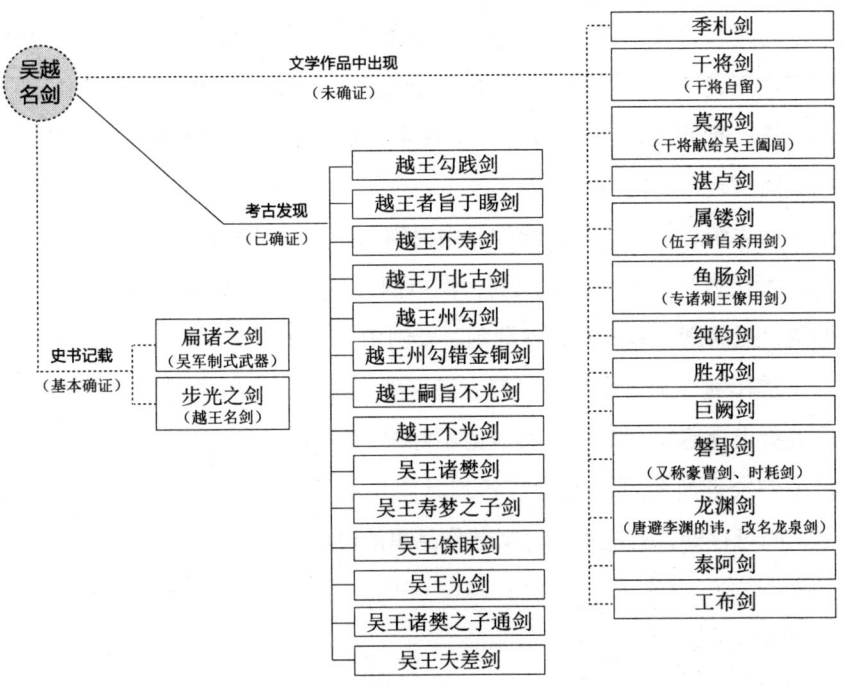

与欧冶子齐名的铸剑师就是干将、莫邪夫妻，相传他们受聘于吴王阖闾。剑成之后，干将藏起了干将剑，只把莫邪剑献给吴王，吴王珍视异常，此事见于《吴越春秋》。

同样据《越绝书》记载，楚昭王得到湛卢之剑后，邀请相剑大师风胡子（也叫风湖子）做客，谈论天下神兵利刃。风胡子说，"吴王得越所献宝剑三枚，一曰鱼肠，二曰磐郢，三曰湛卢"。如果说前面提到的

"越五剑"是越王允常时的作品,因为战败或者其他原因献给了吴王阖闾,那么越王勾践就不应该再拥有这几把剑了。当然,这里不值得过度考证。风胡子在这里又提到一把磐郢剑,这把剑在"越五剑"的名单之外,也叫豪曹剑、时耗剑,其出处存疑。就在这次会谈时,楚昭王请风胡子为说客,表示愿意拿出贵重的宝物,邀请干将和欧冶子来楚国为他铸造铁剑,注意,是铸造铁剑。两位大师如约而至,为楚王铸造出三把剑,第一把叫龙渊剑(据说唐代为避讳唐高祖李渊,改名龙泉剑),第二把叫泰阿剑,第三把叫工布剑。

如果统计一下这些文学作品中提到的名剑,名单如下:

季札剑,干将剑、莫邪剑,湛卢剑,属镂剑,鱼肠剑,纯钧剑,胜邪剑,巨阙剑,磐郢剑,龙渊剑,泰阿剑,工布剑。

季札剑、干将剑与莫邪剑、湛卢剑、属镂剑、鱼肠剑,这些名剑有可能历史上确实存在过,其他剑不好说,吴越两国一定有名剑,这已经被考古发现所验证。但这些名剑具体是不是上述这些我们所熟知的名号,尚可存疑,有些可能是文艺作品里的说法。

第廿三章　勾践仗剑见孔子　话不投机半句多

如果历史记载没有错，吴国的扁诸之剑、越国的步光之剑，这两种剑应该是吴越两国历史上真实存在过的。

《越绝书》第二卷记载，苏州城的阊门之外有吴王的坟冢，此地叫虎丘，相传墓筑成后三天，有一头白虎蹲在墓上，因此得名。陪葬的兵器众多，有磐郢剑、鱼肠剑，还有三千把扁诸之剑。这种扁诸之剑既然数量这样多，就不应该是吴王专属的宝剑，而是偏重实战功能、统一制成的军队佩剑。在此之后约 250 年，秦始皇曾经出动大军去寻找这批剑，结果应该是没有找到。秦始皇富有四海，是一个生活品质追求极致、非常挑剔的人，能让他如此大动干戈想要得到的东西，一定有着一流的品质。

扁诸之剑批量生产，是吴国军队的标准配置武器而不是吴王的专属佩剑。那么步光之剑呢？刚开始，笔者以为步光之剑也是越国军队的标准武器。《史记·仲尼弟子列传》中说："因越贱臣种奉先人藏器，甲二十领，杖屈卢之矛，步光之剑，以贺军吏。"子贡受孔子所托，为了救援鲁国而鼓动吴王夫差挑战齐国时，为了让吴王没有后顾之忧，先是由越王勾践派文种来公关，文种说受到勾践所托奉上"先人藏器"，有20副铠甲、屈卢之矛和步光之剑。笔者刚开始以为，这句话的意思是奉送一批步光之剑以便装备吴军，可仔细研究发现不该这样理解，步光之剑应该还是越王之剑。

步光之剑见于《史记》《吴越春秋》《越绝书》《古今刀剑录》等书，《越绝书》中说，在越王勾践向吴王夫差发动总攻时，"越王抚步光之剑，杖屈卢之弓"。南朝梁陶弘景在《古今刀剑录》中记载："怀帝炽以永嘉元年造一剑，长五尺，铭曰'步光'。"这是说晋怀帝司马炽在公元307年打造了一把长五尺的步光剑。这把步光剑不知道是不是仿制越王步光之剑或采用相近的冶炼技术。如果是，那么也从侧面说明步光之剑应该是越王剑，不是给士兵配置的武器。

步光之剑在《吴越春秋》中还有一处记载，越王勾践二十五年，越王勾践团队与孔子团队有一次不愉快的会面，此时越国对吴国的战争已经完胜，并且范蠡出走、文种被杀，团队骨干风流云散。此时正值越王勾践的人生巅峰，这段文字还比较浅显，辑录如下：

> 越王既已诛忠臣，霸于关东，徙都琅邪，起观台，周七里，以望东海。死士八千人，戈船三百艘。居无几，射求贤士，孔子闻之，从弟子奉先王雅琴礼乐奏于越。越王乃被唐夷之甲，带步光之剑，杖屈卢之矛，出死士，以三百人为阵关下。孔子有顷到，越王曰："唯，唯，夫子何以教之？"孔子曰："丘能述五帝三王之道，故奏雅琴以献之大王。"越王喟然叹曰："越性脆而愚，水行山处，

第廿三章　勾践仗剑见孔子　话不投机半句多

以船为车，以楫为马，往若飘然，去则难从，悦兵敢死，越之常也。夫子何说而欲教之？"孔子不答，因辞而去。

这段文字，之前我们讲到吴越军事力量、讲到戈船、大翼舟时曾多次引用，在此展示全貌。它的内容大致是说，越王勾践诛杀功臣之后，取得关东霸主地位，并且在琅琊建造起宏伟的观台，远望东海。此时越军有敢死之士八千人，戈船三百艘。没多久，他又急于求贤纳士。孔子听到这个消息，就带着学生，捧着先王时代的雅琴，带着合乎礼仪的雅乐到越国演奏。越王为了迎接孔子，同时也显示自己军事统帅的气派，穿了唐夷之甲，佩带步光之剑，手执屈卢之矛，派出敢死队三百人列阵。过了一会儿，孔子来了，越王直截了当地问："先生用什么来教我？"孔子说："我知道三皇五帝的统治之道，并且可以通过演奏雅乐的方式阐述这些政治原则。"越王感慨道："我们越国人生性愚钝，在江河中来去，交通来往主要靠舟楫，前进冲锋时就像旋风一样迅猛，想让他们撤退都很难，喜欢战争，不怕牺牲，这是越国人的本性。针对这个情况，先生有什么高见呢？"孔子听完一言不发，告辞而去。

除了步光之剑，在这里也提到了越王勾践的整套顶级装备——唐夷之甲、步光之剑和屈卢之矛。如果《史记》《越绝书》《吴越春秋》的记载没有同时出错的话，步光之剑应该就是越王剑。至于只有一把还是同系列有几把，就不得而知了。这把步光之剑曾被进献给吴王夫差，后来吴王夫差被越王勾践击败，这把剑就又物归原主。越王勾践见孔子时，佩的可能还是同一把剑。

第廿四章　孔圣贤未曾到越　寻出路周游列国

《吴越春秋》的这段记载或许真有其事，但是时间弄错了。越王勾践二十五年是公元前 472 年，而孔子在公元前 479 年就去世了，两个人不可能穿越时空见面。有学者认为，子贡为鲁国、越国纵横捭阖，扰乱吴王夫差的战略方向，这件事也是虚构的。《史记·仲尼弟子列传》记载了吴齐艾陵之战，这次战役发生在公元前 484 年，吴国大获全胜。子贡受孔子委派进行外交工作，这个事件在时间上倒是基本正确的，因为孔子此时还在世。

如果考证孔子周游列国的时间，他是在鲁定公十三年（公元前 497 年）出走，在鲁哀公十一年（公元前 484 年）回到鲁国。《史记·孔子世家》说"孔子之去鲁凡十四岁而反乎鲁"，在外流浪十四个年头。就在公元前 484 年，发生了吴齐艾陵之战，本来齐国想要入侵鲁国，结果子贡一出马，就化解了鲁国的危机。很多人认为太史公"一味好奇"，把子贡抬高，放在了外交中枢的地位。其实子贡完全具备这样强的能力，

第廿四章　孔圣贤未曾到越　寻出路周游列国

他不仅是个学者、商人,还具有天才的政治和外交头脑。他是非常受同时代人追捧的,甚至有人认为他比孔子优秀得多,他对孔子执弟子礼,让很多人不以为然。子贡还特别就这个事情做了一个公开声明,表达对孔子的敬仰之情,大概意思是说,孔子好比深宅大院,高深莫测,外人难窥究竟;而自己的院墙很低,可以一览无余,因而造成了一种错觉。

孔子在周游列国时和越王勾践有过接触,这是可能的。但是,看孔子的人生传记,两个人没有交集。本来孔子想在鲁国有一番作为,他也是一个有执政能力的人。大约在鲁定公十三年即公元前 497 年前后,也就是他决定离开鲁国、周游列国这一年,孔子五十六岁。他以大司寇的身份代理宰相一职,首先就处决了鲁国乱政者少正卯,并采取了一系列措施。仅过了三个月,贩羊卖猪的商人不敢哄抬物价,男女遵守礼法,在路上行走自然分开,路不拾遗,社会平均的道德水准有所提升。来到鲁国的四方旅客,不必向官吏请求,就会得到亲切的照顾,这从侧面反映国家机器良性运转,普通百姓也各安其位。可是,孔子的政绩被齐国视为威胁。齐景公认为,如果鲁国重用孔子,鲁国必然称霸,一旦称霸,毗邻的齐国就要遭殃,还不如早点割地示好。但是大臣犁锄(chú)不同意这样做,认为可以先瓦解、破坏孔子的改革措施,如果不成,再割地赔款也不迟。于是齐国就选了八十个漂亮女子,把她们打扮得花团锦簇,并教会其《康乐》舞,另外还有一百二十匹身上有花纹的马,一起送给鲁国国君。鲁国的权臣季桓子和鲁国国君笑纳了这些礼物,一连三天不再过问政务。再加上其他日积月累的矛盾,孔子本身也遭受排挤,于是孔子一气之下离开了鲁国。

孔子一度想要去晋国,但是没有渡过黄河,就没去成。可他确实过了长江,到了楚国,当时执政的君主是楚昭王。此时孔子大名在外,楚昭王也是和他一见投缘，准备封给孔子七百里土地，这已经是一个大中型诸侯国的规模了，这片国土面积恐怕还要大于吴国和越国。

可是，又遇到了小人作梗，楚国相当于丞相的令尹子西说，我们楚国没有像子贡那样的外交人才，没有颜回那样德才兼备的丞相人选，没有子路那样勇猛的将帅之才，没有宰予那样的具有很强执政能力的官员。如果给了孔子这么大的土地，恐怕不是楚国之福。而且孔子要恢复周礼，但我们楚国正是因为不遵守周礼，才从一个封地只有五十里的国家发展到现在方圆几千里的大国。如果孔子要推行自己的政治主张，还有那么多优秀的弟子来辅佐，那么对于楚国是福是祸可不好说。于是这次动议胎死腹中。不久后楚昭王去世，就更没有指望了。孔子没有办法，离开了楚国。如果楚昭王封地的事落实，整个春秋战国的历史恐怕都要改写，如果孔子有机会推行自己的政治主张，验证利弊，也许他还会在有生之年修订自己的学术理论。

可惜，历史不能假设。

就算孔子和越王勾践见过面，也应该是在越王战败后励精图治的阶段。可惜就像孟子与梁惠王那样，一见面，梁惠王就问孟子："您老人家不远千里而来，能给魏国带来什么好处？"越王勾践这种现实主义的政治家只需要强国之道。这次会面可能是越国人在为自己脸上贴金，更是孔子力图实现政治理想而在生前不得志的尴尬处境的一种写照。

姑且不论孔子是否与越王勾践见过面，不论子贡是否为鲁国做过穿梭外交。通过各种典籍互相印证，可以确信的是，步光之剑应该在历史上真实存在过，而且是越王之剑。

第廿五章　神兵成炉火纯青　吴钩出光辉耀目

接下来我们就要探讨一下，吴王剑、越王剑究竟有多贵重。以前文提到的湛卢剑为例。

据《吴越春秋》记载，楚昭王得到了这把宝剑，就请相剑大师风胡子来品评。风胡子说，这把剑汇聚了"五金之英，太阳之精"，剑成之后，"寄气托灵，出之有神，服之有威，可以折冲拒敌"。这是什么意思呢？

首先，什么叫"五金"？《汉书·食货志》上的注解是："金谓五色之金也，黄者曰金，白者曰银，赤者曰铜，青者曰铅，黑者曰铁。"五金泛指金、银、铜、铁、锡五种金属，"五金之英"是说湛卢剑的材质汇集了"五金的精华"。

这么好的材质，如果没有一流的锻造技术，也难以铸成名剑。按照《周礼·考工记》的说明："凡铸金之状，金与锡，黑浊之气竭，黄白次之；黄白之气竭，青白次之；青白之气竭，青气次之。然后可铸也。"

意思是说，在冶炼金属的时候，刚开始会出现黑浊之气，然后是黄白之气，再次是青白之气，最后出现了青气，这时才可铸就神兵利刃。所谓吸取了"太阳之精"，应该就是指最后这种炉火纯青的境界。

这样的名剑，由五金之英和太阳之精赋予了灵魂，自然熠熠生光，君王把它佩到身上，可以增加威势。可湛卢剑是把仁者之剑，如果国君违背天理，它就会离之而去。相传由于吴王阖闾暴虐无道，四处用兵，它才会离开吴国，来到楚国。

按照风胡子的说法，湛卢剑在越国制造出来以后，曾经有人出了这样的价格来收购：有集市的乡镇三十个，骏马一千匹，拥有万户之家的大城市两个。

这就叫价值连城。

此后，这把湛卢剑便引起了纷争。吴王阖闾"闻楚得湛卢之剑，因斯发怒"，于是派孙武、伍子胥和伯嚭伐楚。秦王听说楚昭王得此名剑，就向楚昭王索要，结果可想而知，于是兴兵讨伐楚国，声称："与我湛卢之剑，还师去汝。"只要交出湛卢剑，秦王马上退军，离开楚国。但是楚昭王坚决不给。

这些记载肯定是夸大其词，两国相争往往有很深的考量，不太可能因为一把名剑妄动刀兵。但是这笔账记在吴越名剑头上，恰恰可以说明它们的金贵。

目前，春秋时期各国以青铜器为代表的文化，大致可分为六个"青铜文化示范区"，即中原以晋国为代表的晋文化区，东方以齐国为代表的齐文化区，北方以燕国为代表的燕文化区，西方以秦国为代表的秦文化区，南方以楚国为代表的楚文化区，东南以吴越为代表的吴越文化区。这六大文化区的青铜器各有特长，反映了当时各地的历史文化风貌。在这六

第廿五章 神兵成炉火纯青 吴钩出光辉耀目

大青铜文化示范区中,吴越文化区又以冠绝古今的青铜剑独树一帜。

◎**春秋战国时代七大文化中心和六大青铜文化示范区**

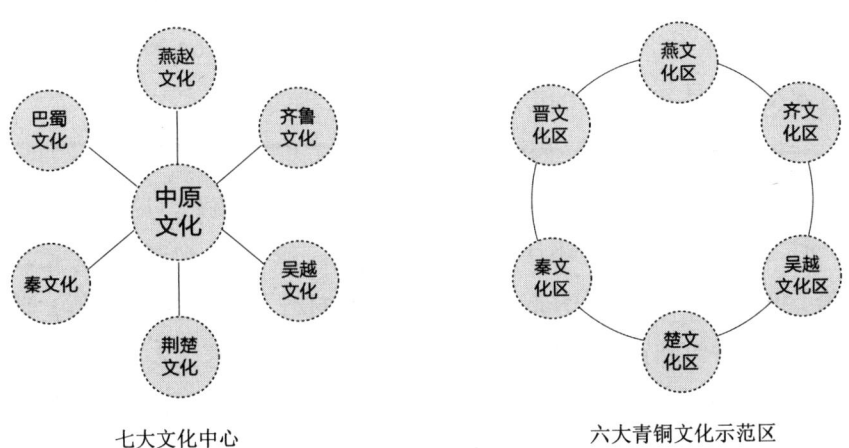

七大文化中心　　　　　　　　　　六大青铜文化示范区

吴越青铜剑之所以形成了自己的独特风格,并在当时就成为至宝,其原因大致有以下四条:客观环境、国君重视、民风尚勇、大师辈出。

在商周之时,尤其在中原地区,车战是主流的战斗形式。这时的武器以长柄武器戈、矛等为主,这种形制的武器才能最大限度发挥战车的性能。到后来,随着骑兵和步兵这些军种的兴起,近战成为重要的战斗形式。适合近战和防身的武器非剑莫属,它能刺能劈,轻便灵活。尤其在吴越之地,水网纵横,山多林密,笨拙的战车几乎没有用武之地,水战和近战才是吴越争霸时期主要的战斗形式。近年来出土的吴越兵器多出自河道水域中,而发现的区域多是史籍记载的战场,比如太湖流域,这更加验证了这个推断。

总之,以水军和步兵为主战形式的吴越两国,非常重视锋利而轻便的青铜剑的研发和装备,这是客观环境使然。

《汉书·地理志》上记载，"吴粤（越）之君皆好勇，故其民至今好用剑，轻死易发"，又说"本吴粤（越）与楚接比，数相并兼，故民俗略同"，这个概括是非常精准的。吴国、越国、楚国地理上接壤，而且多次互相兼并，民俗也大致相同，同时吴国、越国的君主全都崇尚勇武，直到汉朝，吴国、越国的百姓依然喜欢佩剑，不怕牺牲。

按照《吴越春秋》上的记载，吴王阖闾获得莫邪剑之后，爱如至宝，又命令国人制造金钩，发布悬赏令说："能为善钩者，赏之百金。"一时之间，吴国出现了不计其数的造钩之人。有一个人贪图百金之赏，杀了自己的两个儿子，并把他们的血涂抹到材料上，制造了两把钩，献给吴王，并且到宫门口来请赏。阖闾说："做钩的人这么多，唯有你来请赏，你的钩有何独到之处？"造钩人说："我造钩时，贪图大王的赏赐，杀死两个儿子，把他们的血涂在金上而造了两把钩。"吴王就把所有的钩摆在他眼前，让他找出那两把钩。钩很多，形状相似，他也一时之间找不出，于是他就喊："吴鸿、扈稽，我在这里，大王不知道你们的精灵所在啊！"话音刚落，两只钩便飞了起来，附着在父亲的胸膛上。吴王大吃一惊，说："啊呀！我真辜负你了。"于是就赏赐给这位父亲百金，自己从此便佩带这两把钩，永不离身。

这是一个多么残忍、见利忘义的故事啊，如果放在现代，这位父亲一定会以故意杀人罪被判处极刑。

当然，如此夸张的传说也能从另一方面说明，吴越国君大力倡导武器制造，给予资金扶持，进行政策导向，所以吴越两国的青铜剑才能冠绝古今。

第廿六章　冠带剑贵族风范　轻生死民风尚勇

　　吴越两国民风尚勇，也是青铜剑盛极一时的原因。
　　吴越两国原本都是小国，之所以能够称霸一方，完全是靠拳头打出来的。就像当今国际社会，许多小国都是全民皆兵。靠军事实力安身立命的国家，从上到下一定都充斥着尚武精神。对于专制君主来说，战士是战争的消耗品，多多益善。如何拥有取之不尽用之不竭的兵源，才是他们关注的头等大事。
　　在前文中已经探讨过，吴越两国的国君非常有意思，他们几乎都是集政治领袖和军事统帅双重角色于一身。他们不只是在指挥部里做战略部署，而是几乎全都深入一线，亲自领导、指挥战争。有一种可能性就是，军事上的成功是他们获得政治权力的基础，吴国越国的君主们想要驾驭自己的国家，必须有凶狠的拳头和锋利的宝剑。
　　越王勾践元年，即公元前 496 年，越王允常去世，勾践刚刚继位，吴王阖闾趁越国国丧发动侵略，双方在檇李决战。在这次战斗中，越王勾践派出敢死队，在吴军阵前自杀，以此鼓舞士气，并对吴军产生压倒性的威慑力，结果越军大胜，吴王阖闾受伤，不久后死去。据说越王勾践与孔子会面，勾践就坦承越国人"悦兵敢死"，喜欢战争，不怕死亡，接受不了文质彬彬的教育，欣赏不了典雅的曲乐，可能最让越国人兴奋的还是获得一把优质的宝剑。

吴国的统帅也都是军事扩张主义者，以吴王阖闾与吴王夫差尤甚，他们甚至会在某些时候忘记自己肩负的重责大任，而只从军事角度来做出决策。上有所好，下必甚焉，吴国人对于军事、军备、军容、武器，也表现出了超越常人的热爱。

成语"如火如荼"正是形容吴王夫差的尚勇好武，在《国语·吴语》中有比较详细的解读。黄池大会上，吴王夫差得到密报，越国乘虚而入袭击了吴国的首都，他着急回师救援，可又想尽快在会盟中取得优势地位，于是非常急迫地动用了军事威慑的手段，要迫使晋国低头。

夫差一大清早出动所有军队，在晋国的营垒前摆出整齐肃穆的军阵，作出一副要一决雌雄的样子。这次出行，他带了吴国三万精锐，每一万人是一个方阵，每一个方阵有一百行，每一行有一百名士兵，每十行，也就是每一千人，由一个下大夫统领。一个方阵有十名下大夫，十名下大夫由一名将军统帅。中军是一万人的方阵，都穿着白色的下衣，打着白色的旗帜，披着白色的铠甲，背着白色羽毛尾的箭，放眼望去，像一片白色的茅草花。吴王亲自拿着钺，身旁竖着白色军旗，在方阵中间站立。左军同样有一万人，也像中军这样列阵，但是都穿着红色的下衣，打着红色的旗帜，披着红色的铠甲，背着红色羽毛尾的箭，一眼望去像一片燃烧的火海。右军依然是整齐的一万人方阵，只是都穿黑色的下衣，打着黑色的旗帜，披着黑色的铠甲，背着黑色羽毛尾的箭，望过

第廿六章　冠带剑贵族风范　轻生死民风尚勇

去像一片浓墨。姑且不论战斗力如何，单就这个的阵势，配上军鼓，喊杀声惊天动地，已经足以让对手心惊胆战。

在《吴越春秋》里还有这样一句，"吴师皆文犀长盾、扁诸之剑，方阵而行"，这是指吴国的战士都手持带有花纹的由犀牛皮做成的长盾和扁诸之剑，排成方队前进。从这里可以看出，吴军的制式武器和军容军装都整齐划一，这应该是吴王夫差最喜欢的威武之师、雄壮之师。如果说方队这三万人每人都有一把佩剑，那么将是巨大的军工需求。

从吴军的军阵到越国的敢死队，可以看出吴越之人的精神风貌，就是轻生悦死，不怕牺牲。无论在什么年代，这都是对军队的最高衡量标准。文官不爱财，社会有清明；武将不怕死，国家有柱石。否则武器再先进，军队也是不堪一击的纸老虎。

虽然吴王夫差的穷兵黩武需要批判，但是建设一支可以捍卫国家安全的军队，是古今中外所有国家都梦寐以求的事情，这件事本身并没有错。如果没有这样一支队伍，其他的所有成果随时都可能灰飞烟灭，所有百姓都可能成为任人鱼肉的奴隶。军人有军人的职业道德，但不可用这种道德强制要求普通百姓，百姓可以贪生怕死，但如果老百姓都贪生怕死，这个国家也不会出现优秀的军人。从普通人到军人，说起来容易，做起来很难，那需要跨越生死之门，就像鲤鱼跃了龙门之后才能成为龙。

吴国与楚国打，与齐国打，与越国打，向周边不断拓展势力范围，越国与吴国死磕了几十年，可以说，吴越两国对军人的需求量是非常大的。尤其吴国，要承受巨大的压力，别的国家很难承受如此频繁的战事，之所以能够支撑几十年，那只能说，一方面是环境所迫，另一方面，吴越两国人都在从战争中学习战争，他们天生就具备军人的素质，从普通人到军人，可以说一跨步就能实现。

在这样的国家里，军事才是第一等学问，军人受第一等优待，军事产业是第一等产业，耳濡目染，即便是普通百姓也都有尚武精神。作为当时中华大地上超一流的两家青铜剑制造国，对于优质刀剑的需求也是海量的。不仅军队、军人急需，普通百姓也以拥有一把佩剑为荣。

在吴越鼎盛时期，普通百姓是否有资格佩剑，因为水平和资料所限，没有找到直接的证据，但是找到了一些旁证。当时的人是否佩剑，是有等级和制度要求的，并不能随心所欲。

关于佩剑有严格的规定："古者天子二十而冠，带剑；诸侯三十而冠，带剑；大夫四十而冠，带剑。隶人不得冠。庶人有事得带剑，无事不得带剑。"见于康熙担任荣誉主编的《渊鉴类函》。

在这里需要对"冠"和"带剑"进行说明。行冠礼和佩剑，是贵族青年男子的成人仪式。按照《礼记·冠义》中的说法，"冠者，礼之始也""已冠而字之，成人之道也"。由此可见冠礼的重要性，它是标志着长大成人的一个重大仪式。从此以后，受冠者在社会上就被视为成年人，可以结婚生子，参与社会事务，也要按照礼法的规定行使权利并完成人生义务。称呼他要称字，比如孔子字仲尼，称呼仲尼才能表示对孔夫子的尊重；司马迁字子长，子长才是司马迁的敬称。

加冠礼的整套程序非常复杂和讲究，简而言之，就是"三加""四加""五加"。如果是普通士人，一加"缁布冠"，这是用黑色麻布做成的帽子，寓意"尚质重古"，不忘根本，牢记修身齐家，才能治国理政。二加"皮弁（biàn）冠"，一般是白鹿皮做成的帽子，希望受冠者能够顺利进入仕途，并且推行仁政。三加"爵弁冠"，这是祭祀时佩戴的帽子，希望受冠者能够敬事神明。三加之后，以酒成礼。在古代中国，"国之大事，唯祀与戎"，祭祀和军事是最重要的两件大事，加冠之后，这位受冠者就可以娶妻生子，进入仕途，拥有祭祀权、参军权和参政议政权了。如果是诸侯，还有"四加"，四加"玄冠"。如果是天子则有"五加"，五加"衮冕（君王专属的礼服、礼帽）"。实际情况更复杂，详见《仪礼·士冠礼》。普通百姓加缁布冠就够了。

◎ **加冠礼的基本程序**

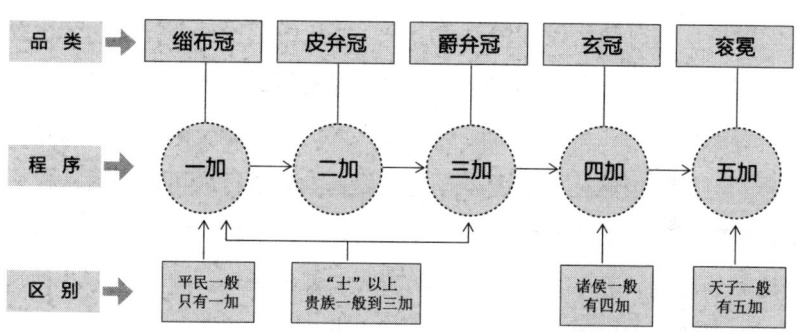

如果是贵族，冠礼之后就可以佩剑了。剑，是一种荣誉和权威的象征。韩信穷得吃不上饭，但还要佩剑。荆轲是个游侠，"好读书击剑"。孟尝君的食客冯驩（huān），也叫冯谖（xuān），寄人篱下，"甚贫，犹有一剑耳"。他向孟尝君要求改善条件时，没有直接说，而是弹铗而歌，铗就是长剑，这是在告诉孟尝君，自己是一个带剑的"士"。

但是，像上文所说的"古者天子二十而冠，带剑；诸侯三十而冠，带剑；大夫四十而冠，带剑"，在时间上只说"古者"，这本身就是一个模糊的范围，究竟从何时开始？究竟持续了多久？我们不得而知。以古人的平均寿命，严格按照这个规定来执行，恐怕很有难度。嬴政十三岁登基，九年之后，"己酉，王冠，带剑"，也就是说他在二十二岁时才举行成人礼，这已经是很晚了，可能是太后与吕不韦故意为之。他在正式掌权之后，接连平灭嫪毐集团、太后势力和吕不韦集团。他二十二岁行成人礼，当时还是诸侯的身份，比照"诸侯三十而冠，带剑"的规定，已然提前了八年。白国红先生在《赵武"冠礼"解析》中考证，赵武行冠礼时年龄应在十三周岁至十六周岁之间，即便按照《榖梁传·文公十二年》所说的"男子二十而冠，冠而列丈夫"，也是大大提前了。当然这事出有因。赵武就是大名鼎鼎的"赵氏孤儿"，在赵家几乎被屠岸贾灭门的情况下，他奇迹般地存活下来。赵氏的家臣需要扶持一个已经成年的主人重新登上晋国的政坛，因此，提前行冠礼也就理所当然了。另外，鲁襄公大约在十二虚岁时行冠礼，无论按照哪一条规定来衡量都不符合。可见，虽然礼法制度有规定，但是具体执行时可以灵活从权。大家对鲁襄公可能不熟悉，但是鲁襄公二十二年（公元前 551 年）诞生了一位伟大的人物，孔子。孔子生活的时代，礼崩乐坏，世风日下，他这辈子的理想就是恢复周礼。

不光在行冠礼的年龄上有很多不合礼法之处，是否有资格佩剑恐怕也颇多违规。"庶人有事得带剑，无事不得带剑。"庶人虽然不是贵族，但是具有独立身份和人格。这里的"有事"，应该不是有私事，而是有战事，战时庶人可以佩剑，平时则不许佩剑。但是这条"禁剑令"是否能够被严格遵守，让人怀疑。

另外，《史记》上还有一条信息比较重要。《史记·秦本纪》中记录道："简公六年，初令吏带剑。"另外还有记载说："简公七年，百姓多带剑。"秦简公七年是公元前 408 年，此时距吴越争霸不到一百年。这

第廿六章　冠带剑贵族风范　轻生死民风尚勇

应该是一个具有划时代意义的事件，因此，司马公才会大书特书。在中国古代，官和吏是不同的，官才有正规的编制，由财政开支，而吏只是做具体的事务，并不在正规的编制内。官一般都是贵族做，吏的身份就复杂了。此时让吏带剑，说明带剑已经很普遍。同样，文中百姓一词也不是现在的意义，在战国之前它是对贵族的统称，战国之后，才是对平民的统称。因此，说秦国至此才有佩剑之风，也过于武断，可以说，此时在秦国，佩剑已经成为相当普遍的现象。

中原各国能够严格遵守礼法，比如晋、郑、齐、鲁、燕等，它们代表中原文明，其创始人与周王朝的血缘最近，也一直以礼仪之邦、主流文化的代言人自居。可是到了春秋时代，即便是这些国家也已经不遵守古礼了，礼崩乐坏，所以孔子才会痛心疾首，挺身而出，力主捍卫周礼、恢复周公德政。在孔子眼里，中原文化已经变得面目全非，遑论秦、楚、吴、越等国了。这些国家一直处于边缘化的尴尬境地，被中原各国视为蛮夷之邦。吴太伯、仲雍哥俩为了把继承人的位置让给老三季历，从大西北跑到长江流域，"文身断发，示不可用"，这是随了当地人的习俗，在身上刺满花纹，割去长发，以表示自己不会再回去任职的决心。当地人被吴太伯的让国之心所感动，有一千多家归附，并以吴太伯为领袖，建立了吴国最初的班底。虽然吴太伯带来了正宗的中原文化，可是想要改变当地习俗还是不容易的，吴越之人性情相近，不太受中原礼法的约束，他们算是特别行政区，有自己独特的价值观。

直到唐宋以后，吴越之地才变得文风昌盛。在春秋战国之际，吴越民风彪悍，好勇斗狠。在君主、贵族、官吏的大力提倡下，在军队普遍佩剑的情况下，在民风好勇的影响下，吴越青铜剑制造技术最终登峰造极。

第廿七章　青铜剑材料精美　吴越楚铜锡充足

很多专家都在探讨，吴越之时是否已经造出了铁剑。《吴越春秋》上也有记载，说楚昭王曾经请干将到楚国去，帮他打造了三把铁剑——龙渊剑（龙泉剑）、泰阿剑、工布剑，但是目前没有考古证明。据说，磐郢剑被吴王阖闾陪葬在他女儿的墓中，如果这个记载准确，万一有一天它劫数难逃，被善于挖坟的现代人发现，可以验证一下材质。

《春秋史》（顾德融、朱顺龙著）一书中，作者列出了 30 项考古发掘的铁质制品，包含 26 把铁剑和 2 把铁匕首，其他还有铁斧、铁削、铁箍、铁铲、铁镰、铁鼎、铁锛（bēn）、铁条、铁丸等。在陕西宝鸡益门村 2 号秦墓一下出土了金柄铁剑 3 件和金首铁剑 17 件，蔚为壮观。这些都是春秋中期偏早的作品。可是即便有如此众多的考古发现，也不能证明春秋时代铁剑是主流。铁剑全面取代青铜剑是一个漫长的过程，在秦始皇的军队里，青铜剑还是标配制式武器，直到战国、秦汉之后，青铜剑才正式退出历史舞台。

第廿七章　青铜剑材料精美　吴越楚铜锡充足

既然青铜剑是主流，接下来就谈谈铸造青铜剑的材料。

经过无数次的现代手段检测发现，吴越青铜剑的主要成分是铜和锡，还有一些其他材质，但其含量已经可以忽略不计了，似乎是铜锡提纯度不够高造成的。这也是可以理解的，毕竟是两千五百年前的技术。

《周礼·考工记》上说："吴越之金锡，此材之美者也。"名剑的产生，一定要有好材料。当时受限于物流水平，不可能大规模长途运输材料。而且，铜和锡对于当时任何一个国家都是极其重要的战略物资，可以说有钱也没有地方去买。铸造青铜剑的材料，还是要依靠自产。

《周礼·考工记》上还言明："郑之刀、宋之斤、鲁之削、吴粤（越）之剑，迁乎其地而弗能为良，地气然也。"也就是说，只有依靠本地的原材料才能制造出优良的武器。就好像茅台镇之于茅台酒，没有那里的水源和其他条件，就生产不出相同品质的茅台酒，地理的优势不可取代。刀、斤、削、剑都是青铜制品，郑国的首都在今天的新郑，宋国的首都在今天的商丘，鲁国的首都在今天的曲阜，吴国的首都在今天的苏州，越国的首都在今天的绍兴，以此为圆心，可以划出各个国家大致的疆域。

《国语·齐语》中记载："美金以铸剑戟，试诸狗马，恶金以铸鉏（chú，古同锄），夷（《说文》：夷，平也），斤（斧子一类的工具），斸（zhú，大锄），试诸壤土。"这里的"美金"应该指青铜，而"恶金"应该指铁，美、恶不单是指质量，可能还因为青铜精美黄亮，而铁黑不溜秋的。随着时代的发展，冶炼技术升级换代，铁器的优越性获得重视，使用才变得普遍。"美金"用来制作剑和戟，铸成后用狗和马来试验锋利程度；而"恶金"只能用来制造农具，用土壤来试验是否锋利。

前面《周礼·考工记》明确提到，只能就地取材，离开吴越当地，生产的青铜剑就达不到这样高的水平。既然需要就地取材，就需要探讨一下吴越的古铜矿、古锡矿。然而因为年代久远，想要确定吴越铸造青铜剑时使用的铜矿或者锡矿所在之处，基本不太可能，只能通过一些零星史料做有限度的推断。

在这里简单提一下吴越的疆域。任何一个诸侯国的疆域都是动态的，不是静止不变的，精准定位不太可能，只能确定模糊的势力范围。

《古代吴立国的发源地及其疆域的变迁》（魏嵩山著）是探讨吴国疆域的权威之作，《吴国疆域补考》（戈春源著）也考据严正。戈先生认为，吴国鼎盛时期，"其疆域已达今浙江之北部，江苏全境，安徽大部，江西的绝大部分与山东、河南的一部分"。

那越国的疆域呢？在越王勾践前期，按照《国语译注》（薛安勤、王连生译注）一书的考证："勾践之地，南至于句无（今浙江诸暨南），北至于御儿（今浙江嘉兴），东至于鄞（yín，今浙江宁波鄞州区），西至于姑蔑（今浙江衢州），广运百里（方圆百里，东西为广，南北为运）。"后来越国灭掉吴国，一口吃成个胖子。但是，越王勾践为了维护良好的国家形象，把吴国侵占的楚国、宋国和鲁国的土地都退还了。

姑且认为吴国的疆域为江苏全境，越国的疆域为浙江大部分地区，方便读者理解。

这两个地方有没有铜矿和锡矿？能不能满足吴越两国制造青铜器的原料需求？

应该没问题。

《越绝书》中有一些零星记载，说距离越国都城二十五里的地方有一处叫姑中山，也叫铜牛山，山上有铜穴，铜穴有三十多丈，是越王勾践冶炼铜锡的地方，由专门的冶官管理。国都东五十里的地方有一座锡

第廿七章 青铜剑材料精美 吴越楚铜锡充足

山,是越王采锡的地方,有一个叫练塘的地方也是越国冶炼铜锡之处。还有一处叫六山,"六山者,勾践铸铜"。《绍兴府志》上记载为六峰山,应该指同一个地方。这些记载都确认了一件事:越国离城不远的地方就有铜矿、锡矿,有冶炼场地,有负责冶炼的官员。

《越绝书》中说,薛烛与越王勾践论剑时,说铸造纯钧剑时,"赤堇之山,破而出锡;若耶之溪,涸而出铜"。是指赤堇山裂开了,才采得锡,若耶溪干涸了,才采得铜。学者张宗祥认为,若耶溪在会稽县南二十五里,旁边就是赤堇山,也叫铸浦山,是欧冶子铸剑之处。

这是春秋末期越国的铜矿和锡矿的大致位置。但是,这究竟是不是考古意义上的真实地点,笔者没有考证,权威考证可参见章鸿钊先生的《古矿录》。按照现代的锡矿资源分布,中国锡矿主要集中在云南、广西、广东、湖南、内蒙古、江西六地,尤其云南的个旧被称为锡都。按照常理推断,在物流极度受限的现实条件下,吴越不太可能从云南、广西、广东和内蒙古这些富锡之地进口锡矿石。

现代这六大富锡区中,湖南在楚国境内,江西应该在吴国的势力范围之内。湖南、湖北、江西在铜、锡储量上都比较优越,完全可以满足楚国、吴国制造青铜器的原料需求。《浙江省矿产资源概况》(绍兴市国土局地矿科著)中说:"有色金属矿产全省均有分布,其中铜矿较集中分布在绍兴——诸暨,铅锌、多金属、钼(mù)矿遍布全省,钨、锡矿等见于浙西北。"其中,浙江一个比较有名的锡矿是杭州淳安县的白沙畈(fàn)锡矿,这只能证明浙江有自产的锡矿。资料显示,"中国锡矿作为单一矿产形式出现的只占 12%,作为主矿产的锡矿占全国总储量的 66%,作为共伴生组分的锡矿占全国总储量的 22%"。也就是说,大量的锡矿并不是以单一矿物的形式出现,而是和其他矿物伴生的。吴越之人是如何提炼锡的,现代发现的锡矿,究竟是不是古代越国匠人可以使用的锡矿,需要进一步求证。

从考古发掘的遗迹中可以看到,古代中国人曾在哪里进行采冶活动。《试论中国青铜时代锡矿的来源》一文认为:"在中原及长江中下游地区发现了湖北大冶铜绿山及阳新港下、湖南麻阳、安徽铜陵和南陵、南京伏牛山、江西瑞昌铜岭等上百处先秦时期的铜矿采冶遗存。考古专家认定,江西瑞昌的铜岭铜矿遗址是迄今为止发现的中国最古老的青铜采冶遗址。"

研究青铜器的原材料不能只关注锡矿,也要研究一下铜矿,因为铜才是制作青铜制品的主要材料,锡只是辅助材料。相对来说,青铜产业的发展水平和实力取决于铜产量的丰富与否,按照现代的铜矿资源分布,浙江绍兴的平水铜矿(原西裘铜矿)、浙江建德的岭后铜矿和江苏江宁的安基山铜矿都比较有影响力,这样看,浙江好像要略胜一筹。

其实不然,如果将时间推回到吴越争霸时代,吴国的铜矿资源更加丰富。在这里,我们要隆重介绍一个地方——安徽铜陵。铜陵因铜得名,以铜而兴,采冶铜的历史"始于商周,盛于汉唐"。有资料评出中国铜矿100强,铜陵市的铜官山铜矿、冬瓜山铜矿、狮子山铜矿、药园山铜矿、大团山铜矿、新桥铜矿,这几大铜矿都名列其中,可见其铜矿资源的实力。

考察吴国的疆域,在鼎盛期,吴国占有了安徽的大部分区域。而考察铜陵的历史沿革就会发现,它在春秋后期,先后属于吴国、越国和楚国,在秦始皇统一后,属于鄣郡。这都比较好理解,吴国被越国吞并,越国被楚国击溃,楚国最后被秦吞并,因此,铜陵也只能跟着不断变更主人。当时,吴国占有了这样一块宝地,有几乎取之不尽的铜矿资源。

第廿七章　青铜剑材料精美　吴越楚铜锡充足

而青铜剑的生产量毕竟受生产水平的制约，不可能像现代化生产一样高效率，也很难涸泽而渔，所以铜陵应该可以满足吴国青铜产业的需求。当然，铜陵是不是吴国的铜料供应地，还需考古验证，笔者只是提出一种可能性。

有了充足而优质的原料，接下来就看铸剑师的铸造工艺了。

第廿八章　铜锡比重中之重　大技师画龙点睛

国之大事，唯祀与戎。青铜器有两大用途：礼器和兵器。

不论是用作礼器还是兵器，它都是特权的象征，普通百姓一度是没有资格染指的。这不仅是因为它造价昂贵，更是因为它的使用，在礼法上有严格的规定。

这就要提到列鼎制度——西周时期创造出来的一种物化的等级制度。它是将造型、纹饰、铭文完全相同，形体大小依次递减的一组鼎，以奇数组合，用在贵族的祭祀、宴飨、丧葬中。何休在《春秋公羊传注疏》桓公卷四注曰："天子九鼎，诸侯七，卿大夫五，元士三。"并且，一般鼎与簋（guǐ，指古代青铜或陶制盛食物的容器，也是重要的礼器）搭配使用，鼎为奇数，簋为偶数。天子用九鼎八簋，诸侯用七鼎六簋，卿、大夫用五鼎四簋，高级的士用三鼎二簋，低级的士只能用一鼎。列鼎制度是等级的标志、权力的象征，所谓"名位不同，礼亦异数"。当然，还有其他说法。

第廿八章　铜锡比重中之重　大技师画龙点睛

◎周代列鼎列簋制度一览表

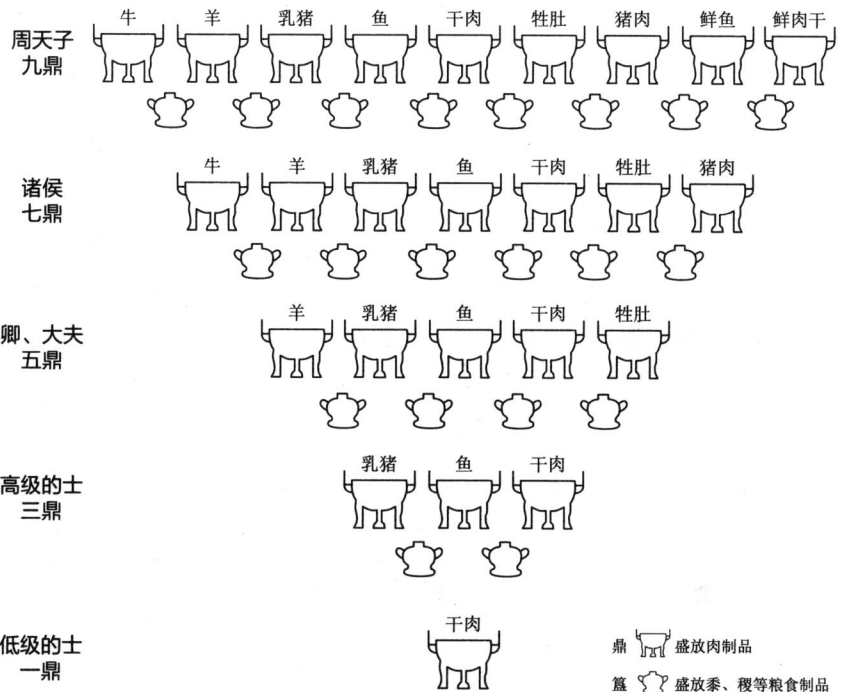

如果配上钟鸣之声，就是钟鸣鼎食之家，当然是富贵的表现了。鼎在中国文化中具有特殊含义，被赋予显赫、宏大的意味，一言九鼎、大名鼎鼎、问鼎中原、鼎足而立等等，都显示出鼎的高大上。现在存世最大的鼎，就是后母戊鼎，又称司母戊鼎、司母戊大方鼎。

因此，如何制造出优质的青铜礼器，是当时工匠的重大课题。或者说，如何制定出行业标准，是青铜器制造专家首先需要考虑的问题。

《周礼·考工记》中有一段记载，是中国青铜文明遥遥领先于世界的明证："金有六齐，六分其金而锡居一，谓之钟鼎之齐。五分其金而锡居一，谓之斧斤之齐。四分其金而锡居一，谓之戈戟之齐。三分其金而锡居一,谓之大刃之齐。五分其金而锡居二,谓之削杀矢之齐。金锡半,谓之鉴燧之齐。"

齐在这里通"剂"。《周礼·天官冢宰》:"掌共鼎镬,以给水火之齐。"郑玄注:"齐,多少之量。"《说文解字》段玉裁注"剂"字时说:"今人药剂字乃周礼之齐字也。"可以证明齐、剂通用,指剂量。根据朱凤瀚先生的考证,对于青铜器原料中金属的比例,目前学术界还存在两种不同的意见,以钟鼎之齐中"六分其金而锡居一"为例:

一种意见认为,这是指将青铜合金的成分六等分,其中铜占五份,锡占一份,铜锡配比为5:1,其他依此类推。

另一种意见认为,"金"单指纯铜,则"六分其金而锡居一"指将青铜合金分为七等份,铜占六份而锡占一份,铜锡配比6:1,其他依此类推。笔者将这两种意见简单列成表格,方便读者理解。

《考工记译注》(闻人军著,上海古籍出版社出版)认同第二种意见。

这里还涉及非常复杂的学术考证。对出土文物进行成分检测时发现,商代、西周与东周的青铜器,对照上述两种意见中的成分比例,各有相符和不符之处。详情请大家参考《中国青铜器综论》(朱凤瀚著)、《中国青铜器》(马承源著)等名家的专著。

相对来说,这个剂量配比是按照不同器具、不同功效进行调整的,铜的韧性好但是硬度不够,锡的硬度好但是韧性不足,太刚则易折。因此,需要根据所做器具的用途,进行合理的配比。

◎《周礼·考工记》中记载的青铜器铜锡比

种类	产品说明	剂量	配比方案	锡占比
钟鼎之齐	钟、鼎一类制品	六分其金而锡居一	(意见一)铜5:锡1	16.7%
			(意见二)铜6:锡1	14.3%

第廿八章 铜锡比重中之重 大技师画龙点睛

续表

种类	产品说明	剂量	配比方案	锡占比
斧斤之齐	斧斤类砍杀器具	五分其金而锡居一	（意见一）铜4∶锡1	20%
			（意见二）铜5∶锡1	16.7%
戈戟之齐	戈、戟类武器	四分其金而锡居一	（意见一）铜3∶锡1	25%
			（意见二）铜4∶锡1	20%
大刃之齐	大刃类，如刀剑	三分其金而锡居一	（意见一）铜2∶锡1	33.3%
			（意见二）铜3∶锡1	25%
削杀矢之齐	削即鞘，装刀剑的套子；杀矢，打猎用的箭	五分其金而锡居二	（意见一）铜3∶锡2	40%
			（意见二）铜5∶锡2	28.6%
鉴燧之齐	鉴，铜镜；燧，阳燧；在太阳下聚焦取火的工具	金锡半	（意见一）铜1∶锡1	50%
			（意见二）铜2∶锡1	33.3%

当然，这个比例不是一成不变的。商、西周和东周，在制造同款器具时，铜锡比例就有差别，虽然不大，但是显而易见。制造区域不同，也有差异。之所以出现这类情况，可能有以下几个原因。

不同类型的器具配制标准各不相同。所以《周礼·考工记》才会细分出六大类青铜器。但是，每个类别中的青铜器也有差异。其实还有区别，比如钟、鼎是较大的青铜器，是贵族必不可少的礼器、重器，因此是制作的重点，姑且归为同类。可是钟与鼎还是有很大的区别，因为钟作为乐器还有音色的要求，如果铜、锡的配比不同，或者搀杂入铅，会产生不同的音色。按照这个思路看，其配比要求比鼎更高。读者可参考《曾侯乙编钟的结构和声学特性》《曾侯乙编钟复制研究中的科学技术工作》等作品，寻找权威答案。

原材料的产量可能也会影响配制标准。在商周之际,铜、锡都是贵金属,没有大规模的现代化冶炼技术。在铜、锡等原材料短缺时是否还要严格按照上述比例,值得商榷。

人生前使用的器具和陪葬用的明器,配制标准可能也有不同。现代考古发掘出的青铜作品,好像也没有办法断定是墓主人生前使用过又带入地下的,还是单纯为了下葬而新制作的,当然有些器具上有使用痕迹。但那些为了充当明器而做的器具,要不要严格按照日用器具的铜锡比例铸造?值得研究。

主管官员、工匠头领和实际制作器具的工匠,这些人为因素也会产生影响。就好比说同样的菜谱,不同的厨师会做出不同的口味。在当时,没有现代标准化的生产线,不论规定了什么样的标准,生产过程中都可能有人为的改变。上文提到过,全国的主要青铜文化区有六个,燕、晋、秦、楚、齐、吴越。各地的行业标准也会有一些个性化的差异。当然,这只是推测,想要验证,恐怕得把各地出土的青铜器都做一下合金成分化验,再分门别类地进行细致对比。

总之,在吴越青铜剑实现跨越式发展之前,青铜器制造在历代工匠努力的基础上,已经积累了丰富的经验。而吴越的青铜剑铸剑大师,又在这个细分领域中建立起让人叹为观止的不世功勋。

基本上可以确认身份的吴越铸剑大师是干将、莫邪和欧冶子,干将和莫邪据说是夫妻关系。干将和欧冶子,一说是师兄弟关系,一说是欧冶子为师干将为徒。其实,二者的关系究竟如何,并不重要。自古以来,师不必贤于弟子,弟子不必不如师,教学相长,青出于蓝而胜于蓝的情况也时有发生。这几个人是吴越工匠的杰出代表,是在某方面具有原创能力的人,这才能把自己的功绩刻入历史的肌体。还有大批的工匠

第廿八章　铜锡比重中之重　大技师画龙点睛

被淹没在历史的巨浪之下。然而他们的精神，已然化为皓月青天，虽然我们无法知道或记住他们每一个的名字，但他们的作品却恒久流传。

有了酿酒师就一定要有品酒师，没有品酒师，酿酒师就缺少知音。同样，有了铸剑大师就一定要有相剑大师。如果说铸剑大师是吴越青铜剑的首席产品经理，那么相剑大师就是品牌总监，没有他们的品评鉴赏，再名贵的剑也会黯然失色。当时的相剑大师有风胡子和薛烛，他们是干将和欧冶子的精神伴侣，是慧眼识珠的伯乐，他们的精彩点评让名剑蜚声海内，他们的评语与名剑一同载入史册。

剑有风雅之趣，更有肃杀之气。在吴越争霸之时，剑不仅是身份的象征，更是"十步杀一人，千里不留行"的利器，有人铸剑、相剑，就一定要有人舞剑，吴越时自然也有这样的人：剑术大师越女和袁公。

越王勾践曾对范蠡说："我有报复吴国的想法和策略，如果是水战就乘船，如果是陆战就乘车。但是车船的便利只是一方面，军队熟练使用武器和弓弩更为重要。现在您给我策划战事，有没有考虑不周的地方？"范蠡说："我听说古代圣明的君主都熟悉军事，善于用兵，但是军中涉及行列队形、组织编制等具体工作，就要依仗具有特长的专门人才，并不需要君主面面俱到。现在，我听说，有位出生于南林的女子，她剑术高超，国内的人都称道。希望大王去请她，她会立刻应邀而来。"于是，勾践就派使者聘请这位女子，向她请教使用剑戟的方法。

越女在去见越王的路上，遇到一位自称袁公的老头，要和她比试剑法。两人切磋武艺，以竹为剑，点到即止，越女技高一筹，突然一刺逼得袁公飞身上树，变成了一只白色的猿猴。越女拜别白猿，见到了越王，越王向她请教剑道，越女认为，自己是生而知之，不是学而知之，并没有拜师学艺，而是天生喜欢剑术，加上仔细钻研，勤学苦练，这才让自己的剑术获得提升，直到臻于化境。

越女说："剑道精妙，看似容易，实际上也有非常深刻的内涵。在实战时，体内精力充沛，蓄势待发，但仪表要庄重安稳，看上去像个温顺的女子，一旦攻击就要像猛虎一样迅疾。肉体与精神协调划一，能够完成预定的剑术动作；要像太阳一样高远莫测，像飞奔跳跃的兔子一样轻快敏捷；追击敌人时形来影去，要使那剑光若有若无。横削、直刺、正攻、反切，无论做出哪种剑术动作，都不能轻易被对手判断出剑路。如果军队掌握了这种剑术，就可以以一当百，以百当万。"越女又说："如果大王想要试一下，那么很快就能见到效果。"

越王听完大喜，立刻赐给越女名号，同时命令各部队的队长以及能力较强者优先去向越女学习剑术，这些人回去再教普通士兵。越女的剑术在军中被交口称赞。

越女之后，范蠡又推荐了陈音给越王，陈音擅长的是弓道。在这两位大师的指导下，越国的单兵作战能力获得了迅猛提升。

当此时，吴越之人不论军民，无分贵贱，或爱剑铸剑，或品剑练剑，还有各种大师级人物的明星示范作用。就这样，青铜器文化日益繁荣，吴越青铜剑更是在浩瀚的艺术星空里历经千年万年仍然熠熠生辉。

第廿九章　君王剑工艺精湛　鸟虫书艺术高超

◎青铜剑各部位的名称

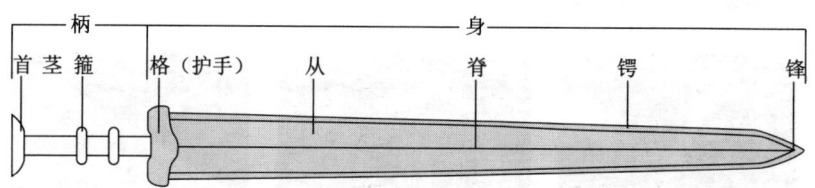

剑，是防身格斗的自卫武器，也是古代贵族身份和权力的象征；剑，是彰显武力的不祥之物，也是荟萃工艺美学的艺术珍品。在中国历史上，最能把实用与艺术、礼器与武器进行有机结合的产物，莫过于吴越青铜剑。它们即便在当时，也显示出卓尔不群的王者之气。

学术界一般认为，吴剑优于越剑，吴越剑又优于其他地区产的青铜剑。吴越之后的青铜剑，无不吸收着吴越青铜剑的工艺精华。

一把典型而标准的青铜剑，一般是由剑柄、剑格和剑身组成的，剑格也就是剑柄与剑身之间的护手，"茎"是剑柄的主干部分，茎的末端称为"首"，茎上有"箍"，有利于把持。剑身中间突起的棱称为"脊"，脊的两边称为"从"，左右两个"从"合成"腊"。"从"的两边为"刃"，剑身的最前端则是"锋"。

普通兵士的佩剑，实用性是第一位的，他们主要的职责是斩将杀敌，但如果是诸侯级的佩剑，实用性与艺术性并列第一。

例如举世闻名的越王勾践剑，研究人员发现，剑首的端部内侧有多个间隔只有 0.2 毫米的同心圆，工艺非常复杂，需要多道工序，使用现代的车床技术也很难完全复原，能够熟练掌握这种制作工艺的工匠，在当时也应该是出类拔萃的。这么多彼此间隔只有 0.2 毫米的同心圆，制作过程中稍有不慎就会失败。而且，这种同心圆剑首，都是单独铸好以后，才铸接或销接到剑茎上的。这样的名剑在当时就不多，能够存世的更是凤毛麟角。这被称作青铜剑一绝。

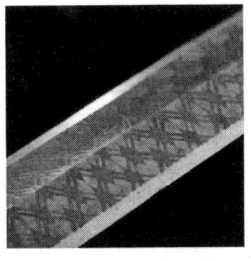

另一绝便是剑身的菱形花纹。《吴越青铜剑三绝》一文中比较详细地说明了铸造剑身表面菱形花纹的方法，主要有"铸槽填锡说"和"金属膏剂涂层说"。因为过于专业，在此不做赘述。但是有一点，花纹同时出现在 1965 年出土的越王勾践剑的剑身和 1983 年同样在湖北出土的吴王夫差矛的矛体上，这两位都是诸侯，可能只有他们这个等级的人物

第廿九章 君王剑工艺精湛 鸟虫书艺术高超

使用的武器,才能施以如此繁复的工艺。这既是一种等级的象征,更是因为掌握这种高新科技的人实在太少,根本不可能批量生产。这被称为青铜剑二绝。

同心圆剑首和菱形纹饰精美绝伦,被视为吴越青铜剑的两绝。此外,剑格也有让人叹为观止的工艺,例如越王勾践剑,剑格正面镶嵌着蓝色琉璃,背面是绿松石。

绿松石与和田玉、独山玉、岫岩玉合称中国古代四大名玉,它在清代被称为"天国宝石",被视为象征吉祥、幸福的圣物。据《中国古老名玉——绿松石》作者何松先生考证,"在红山文化、仰韶文化、石峡文化、良渚文化、齐家文化、大汶口文化遗址中,处处发现绿松石装饰物"。在距今 7500—8200 年的中原裴李岗文化遗址中同样发现了绿松石制品。

不知道越王勾践剑上使用的绿松石产自何方,因为镶嵌在越王勾践剑上,它顿时青云直上、身价倍增。

在越王勾践剑剑身的正面,刻有"越王勾践,自作用剑"八个鸟虫文。鸟虫文又叫鸟虫书,是一种古代字体。《鸟虫书通考》的作者曹锦炎先生下的定义是:"所谓鸟虫书,是指在文字构形中改造原有的笔画,使之盘旋弯曲如鸟虫形,或者加以鸟形、虫形等纹饰的美术字体。"这种鸟虫书曾经是"秦书八体"之一。《说文解字》中说:"自尔秦书有八体:一曰大篆,二曰小篆,三曰刻符,四曰虫书,五曰摹印,六曰署书,七曰殳书,八曰隶书。"在这八种字体当中,大篆、小篆和隶书是主流字体,在中国的文字发展史上具有里程碑的意义,而从隶书开始,中国文字由古体转为今体。

秦始皇统一六国之后,"书同文,车同轨",统一文字,就是统一为小篆。小篆也称为"秦篆",这种字体由李斯、赵高、胡毋敬等人确定推广样板。虽然李斯的政治操守不好,赵高指鹿为马祸国殃民,但他们确有才能。小篆是从大篆籀(zhòu)文的基础上简化而来的。但著名学者、书法篆刻家徐无闻先生认为,寿命极为短促的秦王朝不可能在一夜之间创造出一种文字来,文字的形成要经过长期的过程,秦始皇和他的重臣们,只是对战国时期就已形成的小篆进行加工、整理和推广而已。

　　回到主题,关于鸟虫书,张传旭先生在《鸟虫书的发展与楚青铜器发展之关系》一文中认为,鸟虫书应该盛行于楚文化圈,影响范围包括长江中下游,尤其是江淮一带,楚、越、吴、蔡、曾、宋、齐、徐,进而扩展至中原文化圈。有人认为鸟虫书的来历,一是鸟图腾崇拜,二是铜器铭文的装饰性需求,三是楚人的浪漫主义气息,四是源于楚地的巫风。楚人相信鸟与龙是接通天地之神的使者。也可能是这四种因素或者更多不为人知的因素在同时起作用,才有了铭刻在青铜器上的鸟虫书,字画合一,展现出独特而狂放不羁的艺术想象力。

　　鸟虫文以柔美的线条,刻在充满阳刚之气的吴越青铜剑剑身上,赋予了它们刚柔并济的艺术美感。

　　越王勾践剑剑身上的菱形花纹,后来有人认为不仅仅是装饰作用。在1978年,有人使用"质子X荧光分析法"对其做了技术分析,发现剑身的黑色菱形花纹可能经过硫化处理,而这种处理具有防腐防锈的功能,认为只有这样才可以解释越王勾践剑为何能在潮湿的环境里千年不朽。可是,原湖北省博物馆副馆长后德俊先生在《越王勾践剑不锈之谜》中提出,越王勾践剑出土时有木质剑鞘保护,剑身与剑鞘吻合得也很好,又处于含氧甚少的积水中,这才能保证不锈。其实,也不是不

第廿九章 君王剑工艺精湛 鸟虫书艺术高超

锈,而是微锈,即便在现代化的环境中保护,越王勾践剑也不如刚出土时明亮,可见它也是会生锈的。

一方面,不能神化越王勾践剑;另一方面,现代科技手段也不能完全解释清楚历史之谜。工具的强大让现代人变得越来越自以为是,自认为无所不能。在这里,我们不是要宣扬神秘主义,而是任何一项伟大的历史创造一定有那个时代永远不为人知的秘密。随着那个时代的完结,随着那些伟大创造者肉体的消逝,这些秘密也碎裂为尘,撒向浩渺的历史星空。出自吴越顶级铸剑大师的作品,在防锈防腐等工艺上一定有画龙点睛之笔,这也许是依赖现代工具的凡夫俗子们所无法理解的。

第卅章　双色剑刚柔并济　复合剑巧夺天工

中国青铜剑的剑型，总体发展趋势是由短而长，由宽而窄，这是青铜剑制造技术不断取得突破的见证。

按照《浅议中国古代青铜剑的铸造技术》一文的考证，山西保德县林遮峪与柳林县高红出土的两把铃首短剑，年代约为商代晚期。前一把全长 32 厘米，后一把全长仅 23.5 厘米。已出土的西周早期青铜剑，长度一般也不超过 40 厘米，与商代的作品相比并没有取得技术上的突破，只是装饰更为奢华。这样长度的青铜剑类似于匕首，还不是真正具有实战意义的青铜剑。

约从春秋晚期开始，为了提高杀伤力，剑的长度普遍增加，一般都在 40—60 厘米，战国晚期，有的剑超过了 70 厘米。秦剑的长度更是取得历史性的突破，超过了 80 厘米。在秦始皇兵马俑坑一号坑中出土的 17 把完整的铜剑，最短者 81 厘米，最长者 94.8 厘米。

越王勾践剑长 55.6 厘米，宽 5 厘米，柄长 8.4 厘米，重 875 克。与

第卅章　双色剑刚柔并济　复合剑巧夺天工

越王勾践剑时代相近的青铜剑，吴王诸樊剑通长 42 厘米，吴王寿梦之子剑残长 39.5 厘米，吴王馀眛剑通长 57.5 厘米，苏州博物馆的吴王夫差剑通长 58.3 厘米，还有其他名剑总体都在 40—60 厘米。总之，青铜剑的长度，大概经过 20—40 厘米、40—60 厘米、60—80 厘米以及 80 厘米以上四个阶段，秦国的青铜剑相对来说达到了长度巅峰。专家发现，秦剑的剑身上都有八个棱面，这很大程度上是在寻求硬度与韧性的平衡，总体是为了增强青铜剑的攻击和防守能力。只有这种技术上的不断突破，才能让青铜剑突破长度的限制。秦始皇在被荆轲刺杀时，在紧张状态下一时拔不出佩剑，很可能也是这把剑过长的缘故。

《周礼·考工记》中的"桃氏制剑"规定：剑身长度是剑茎长度的五倍，是为上制，上士佩带；剑身长度是剑茎长度的四倍，是为中制，中士佩带；剑身长度是剑茎长度的三倍，是为下制，下士佩带。有人认为这体现了等级制度，确实如此，但是《周礼·考工记》中的规定未必仅指佩剑等级，更应该是指选择佩剑时，应该考虑佩剑的长短与佩剑者身高之间的关系。《周礼·考工记》所描述的剑的形制，主要是战国初期的形制。

从殷商、西周到春秋战国，青铜剑有不断加长的趋势。就好比铸铁（生铁）虽然坚硬，但韧性较差，性脆易折。如果中国战国时代铸铁柔化技术没有取得重大突破，如果刚性和韧性统一的可锻铸铁没有出现，铁制品就不会迅猛发展。在青铜剑的发展史上，刚性和韧性的统一问题，同样是一个重大技术命题。

这个问题解决了吗？解决了，而且解决得接近完美。谁首先取得了这个技术突破？极有可能是吴越一批顶级的青铜剑工匠。青铜剑能够不断变长，其中一个原因就是工匠们清楚地掌握了铜、锡的特性，找到了二者最佳的配比，实现了硬度和韧性的最佳平衡，这些还都是理论和经验，最终铸造成功，离不开先进的铸范技术，这是把理论变成实践、把理想变为现实的关键步骤。

青铜器研究专家，因为能够亲自接触到考古发掘的实物，并且进行详细的研究和比较，关于这方面的专著汗牛充栋，本书只是简而化之，大致描述而已。

吴越青铜剑的铸造方法，大致有整铸法、分铸铸接法、复合剑铸造法这三种。其中整铸法是一次性浇注成型，这样铸造肯定相对简单，普通工匠就可以铸造出来，这还是入门级。分铸铸接法就相对复杂了，不是中级工匠以上恐怕很难驾驭，此法先铸剑身，再把剑身置于铸造剑格、剑茎、剑箍、剑首的陶范内，需要多道工序才能制造出成品。

像这样对铸造工艺和铸造技师进行关联并分级，不是专家的论断，是笔者的一家之言。因为按照前两种方法来铸剑，剑身部分都是一次性成型的，虽然分铸铸接法工艺更为复杂，大大提高了剑的实用性，但是并没有实现最大的突破。而且，剑格、剑茎、剑箍、剑首，毕竟只起辅助作用，对于一把青铜剑来说，剑身才是灵魂。一把剑最关键要看剑身的质量。

哪种铸剑方式，才需要最高级的工匠亲自操刀？才能代表青铜剑制造的顶级工艺？

那就是复合剑铸造法。复合剑也称为双色剑，因为铜呈黄色，锡、铅泛白，所以剑身上有两种颜色。

在出土的吴越青铜剑中，也不乏复合剑，越王勾践剑就是一把复合剑。但是要说其中的典型，那就需要从吴越青铜剑上稍微转移一下目光，有一把春秋后期的晋国兵器，当为存世复合剑之佼佼者。

第卅章 双色剑刚柔并济 复合剑巧夺天工

这把剑叫少虡（jù）剑，现珍藏于故宫博物院。

文物说明撰稿人贾红荻对这把剑的描述是："少虡剑，春秋后期，长 54 厘米，宽 5 厘米，重 0.88 公斤。此少虡剑为晋国兵器，山西李峪村出土，已知同铭剑有 3 件。此剑前锋断，脊在两从间凹陷，从宽斜，前锷狭，厚格呈倒凹字形，圆茎无箍，圆形首。格饰错金嵌绿松石兽面纹，剑首饰错金云纹。剑脊上有错金铭文 20 字，每面 10 字：'吉日壬午，乍为元用，玄镠铺吕。朕余名之，胃之少虡。''玄镠'和'铺吕'为制剑的金属材料锡与铜，'胃'通'谓'。铭文的大意为：壬午这天吉日，做了这把好用的剑，做剑的原料是锡与铜。我给这把剑起了个名字，称为'少虡'。"

青铜剑以铜和锡为主要材料，人们用现代检测技术做了很多金属分析，已有定论，有了这样的考古证明，便是铁证。

在铸造青铜器时，先要调剂，这是非常关键的步骤。调剂就是根据所铸器物的不同要求，配调铜、锡、铅等金属的适当比例。前文说过，《周礼·考工记》中，已经对钟鼎之齐、斧斤之齐、戈戟之齐、大刃之齐、削杀矢之齐、鉴燧之齐的铜锡配比做了详细的记载，不必赘言。含锡（包括铅）较多的青铜合金配剂称为下齐，含锡（包括铅）较少者为上齐。齐通"剂"。

青铜复合剑是吴越铸剑师调剂青铜中铜、锡的不同配比，以最大限度提高青铜剑战斗性能的重要创造。

复合剑需要两次铸造，先铸剑脊，再铸剑从，最后把剑脊和剑从以榫卯结构连接在一起。剑脊部分需要韧性，高铜低锡，呈红黄色；剑从部分需要刚性，高锡低铜，呈黄白色。因此，复合剑也称为双色剑。这样铸造出的青铜剑刚柔并济，以"柔"可化解兵器撞击时产生的强大冲击，以"刚"展示青铜剑无坚不摧的意志。

◎**青铜复合剑的横截面**

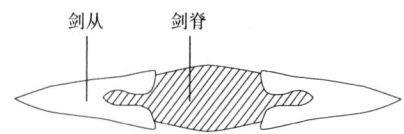

《吕氏春秋》对此评论道："白所以为坚也，黄所以为牣（rèn，韧）也，黄白杂，则坚且牣，良剑也。"

读书人至此，只能长叹一声，无与伦比的吴越匠人，是最接近完美的艺术精英！

第卅一章　掌火候干将莫邪　控炉温动力优先

　　根据《吴越春秋》的记载，干将、莫邪铸剑的过程并不是一帆风顺的。当他们历经千辛万苦收集到优质的铸剑材料后，天时地利人和诸般因素全都到位，然而却不能把材料冶炼为流动的液体。其实，出现这种情况，一定是因为炉温不够。莫邪这时警告干将说，吴王阖闾因为你名声在外，才请你过来铸剑，但是如今过了三个月还没有铸成，难道是有什么企图吗？其实这冤枉了干将，他也不得其解。莫邪提醒他，是不是需要有人在这个当口献身？干将说，他先师在冶炼的时候，材料也不能熔化，最后夫妻俩都跳入了剑炉中，最后才成就了一把名剑。现在他也遇到了这个情况，他不知道是不是也需要做出像师傅一样的牺牲。

　　这时莫邪挺身而出。她做了什么呢？有两种说法：一说是她剪断了头发、剪光了指甲，并把这些东西投入炉中；一说是她剪完之后，自己也投身其中。之所以理解不同，是因为原文让人费解——"于是干将妻乃断发剪爪投于炉中"，是剪掉头发和指甲并把它们投于炉中，还是剪完这些自己投身于炉中？如果真要这样铸剑，可太费铸剑师了。一把名剑需要一名铸剑师来陪葬，绝对是重大损失。当然啦，这肯定也是民间传说，只是为了说明吴越的铸剑师为了铸造名剑煞费苦心，甚至为了完成作品，让自己的血肉灵魂与这些作品合二为一，真正做到了人剑合一。这是铸剑的最高境界，把铸造名剑当成可以为之献身的信仰，还有什么匠人精神能比这更让人震撼呢？

莫邪的牺牲取得了丰硕的成果。干将铸成名剑两把，当时已经有"物勒工名"的传统，这是一种品牌意识。于是第一把被命名为干将剑，是为阳，第二把为莫邪剑，是为阴。阳剑刻上了龟背的纹理，阴剑刻上了无规则的纹理。但是干将把阳剑藏了起来，只把阴剑献给了吴王阖闾，吴王爱如至宝。恰在此时，鲁国派季孙意如来吴国进行国事访问。为了让邦交多一些润滑剂，阖闾让掌剑大夫把莫邪剑献给季孙意如。后者也应该是品剑名家，就仔细端详，发现在剑的刃口上有一个米粒大小的缺口。季孙意如叹息道："这把剑真是好剑！中原地区的铸剑师都得甘拜下风啊！这把剑铸成了，吴国就要称霸了；但有缺口，那就说明吴国也要灭亡了。我虽然爱它，但怎么能接受呢？"于是不受而去。

这就是品剑名家的风范，能看到剑以外的东西，从剑气看国运。季孙意如认为这把莫邪剑让人喜忧参半，归根结底是不祥之物。

莫邪投身熔炉恰恰揭示了一个技术性难题的答案，就是如何通过提高炉温，去除材料杂质，提炼出最纯粹的铸剑原料。

按照《吴越春秋》中的记载："使童女童男三百人鼓橐（tuó）装炭，金铁乃濡（rú），遂以成剑。"通过这个记载，可以得到这些信息：燃料是木炭；冶炼用到了鼓风设备橐；动力是人力，需要童男童女 300

第卅一章　掌火候干将莫邪　控炉温动力优先

人；在这种情况下，金铁才能熔化。

别的都好理解，只有这个"橐"需要深入理解。中国历史上有一个人叫项橐，传说中有神通，据说孔子曾拜他为师，因此《三字经》上说"昔仲尼，师项橐"。这个橐到底是什么意思呢？是指口袋，也是指一种鼓风设备。它是什么材质做的呢？纯牛皮。

既然是鼓风设备，就要和冶铁炉连接，否则氧气无法输入炉内，于是橐上设计并安装了一根竹管。这种竹管后来被更加耐用和结实的陶管和铁管取代。

橐上插了竹管，非常像一种吹奏乐器，籥（yuè），据说这是一种似笛非笛的单管乐器，也是笛类乐器的始祖，据考证有六孔。它早已失传，或者演变为其他乐器。《孟子·梁惠王下》中，孟子劝梁惠王学会与人分享、与民同乐，就提到了"钟鼓之声、管籥之音"，管籥并称，可见籥应该是一种管状乐器。

牛皮口袋加上竹管，这种鼓风器具就被称为"橐籥"，在春秋战国时代一定是生活中普遍存在的物品，惜字如金的《道德经》中也说："天地之间，其犹橐籥乎？虚而不屈，动而愈出。"大意是说：天地之间岂不像个风箱吗？它空虚而不瘪，越鼓动，风就越多，生生不息。老子当时还不知道宇宙的广大，也不知道大气层的存在，如此理解也有合理之处。

橐籥如何给冶铁炉输送氧气呢？辽宁凌源县（今凌源市）牛河梁出土的炼铜坩埚炉残片最能展现早期炼铜技术的面貌。炉壁上的小孔应该是鼓风孔，分成上下两排，交错排列，大概一共有 12 个鼓风孔。专家通过专业手段来检测，认为"鼓风孔内壁表面光滑，没有磨损痕迹，表明鼓风器具并未通过鼓风孔与坩埚炉相连，推测其鼓风方式可能是人力吹管鼓风"（详见《略论中国古代的冶金鼓风设备与技术》一文）。

鼓风设备橐籥通过冶铁炉上的鼓风孔输入氧气、提高炉温。装有橐籥这类鼓风设备的冶铁炉就被称为"炉橐"。《墨子·备穴》中说，"具炉橐，橐以牛皮"，可见使用炉橐在春秋战国时代是再正常不过的事情。

当然，干将、莫邪用的是不是这种炉子与鼓风设备，还需要进一步考证。在湖北大冶发现了铜绿山古矿冶遗址，据考证，这座矿山最晚应该在西周时就开始了正式生产，它集采矿与冶炼为一体，这样可以最大限度地节省时间成本。历经春秋、战国、秦汉，直到宋朝时还在进行冶炼生产。《青铜时代铜的开采和冶炼》一文记载："在铜绿山矿区的 11 号矿体，曾出土了八座炼铜竖炉""竖炉似腰鼓形，由炉基、炉顶、炉身三部分组成。从缸底到炉顶的复原高度为 1.5 米，容积 0.32 立方米，炉缸呈椭圆形，长轴两端各设一个风口，对称鼓风"。筑炉所用的材料为红色黏土、高岭土、石英砂、铁矿粉、木炭粉等，耐火性好，又有一定强度。同时出土的还有木炭、矿石和冶炼后的矿渣。

总之，通过《道德经》《孟子》《墨子》等典籍的佐证，还有大量的考古证明，可以推断，干将、莫邪在冶炼青铜剑时，使用了牛皮制作的橐作为鼓风设备。《吴越春秋》上说用到 300 名童男童女，这只是一面之词，即便有夸张成分，鼓风团队人数一定也是非常庞大的。我国古代冶炼鼓风经历人力、畜力和水力几个阶段，此时还是以人力为主。

我们至少可以知道：冶炼的炉体一定非常大，否则用不了这么多人来鼓风；炉体上的鼓风孔也一定非常多，并有同等数量的橐；不太可能 300 人只用一个橐来鼓风。多大的橐才能容纳 300 双手？能制造这样的橐，得用多大的牛皮？制造经典名剑需要足够的动力，把炉温提升到一

第卅一章　掌火候干将莫邪　控炉温动力优先

定的程度，否则材料无法提纯。

讲述至此，读者应该慢慢理解了，莫邪投身冶铁炉、赋予名剑以匠人的灵魂，只是艺术夸张。匠人需要提升炉温，让冶炼时的炉温突破瓶颈。《周礼·考工记》中说："凡铸金之状，金与锡，黑浊之气竭，黄白次之；黄白之气竭，青白次之；青白之气竭，青气次之，然后可铸也。"此言在上文曾一笔带过，至此，读者应该有了更深刻的理解。

今人经过多次化学实验和分析发现，青铜剑的主要成分是铜、锡，还含有微量的铅，受限于当时的技术水平，这里一定还有别的杂质。铜、锡、铅和其他杂质，熔点是不一样的。所含杂质成分不详，自然也不知道熔点是多少。但是铜、锡、铅的熔点是可知的：锡的熔点是231.9℃，铅的熔点是327.5℃，铜的熔点是1083.4℃。

铜与锡、铅的熔点相差极大，所以在铸造复合剑（双色剑）的时候，要合理安排比例，还要对剑脊和剑从进行至少两次铸范，这其中的难度可想而知。

而且《周礼·考工记》关于熔炼之气的颜色的记载，应该是符合实际的。在熔炼过程中，随着炉温的不断升高会产生不同颜色的气体，首先是熔点较低的杂质挥发，产生黑浊之气；其次是锡熔化，产生黄白之气；再次是铅熔化，产生青白之气；由于铜的熔点最高，当它挥发时，产生了青气，这时才是最佳的铸剑时机。这些描述看似文艺，但是符合青铜剑的不同原料因为熔点不同而产生不同气体的客观事实。

熔到最后，就是铸剑最高的境界——炉火纯青！

一把震古烁今的名剑，必须经历千锤百炼才会出世，像一道闪电划破历史的黑幕，留下永不磨灭的剑光。

第卅二章　观其光锋芒逼人　吴越剑削铁如泥

《战国策·赵策三》中，赵奢曾经提到吴越名剑的锋利程度，"肉试则断牛马，金试则截盘匜（yí）"。《左传·僖公二十三年》也有"奉匜沃盥（guàn）"的记载，沃的意思是浇水，盥的意思是洗手洗脸，奉匜沃盥是中国古代祭祀典礼之前的重要程序，应该是在祭祀时为了显示虔诚，在行礼之前，需要净手。盘、匜是成套的组合，匜类似于现在的瓢或舀水器，浇水或浇手时用盘子在下面承接。

能砍断牛马并且截断青铜制品的盘匜，这样的宝剑，确实是足够锋利了。

我们再看一条记载。《庄子·外篇》有一句话："夫有干越之剑者，柙（xiá）而藏之，不敢用也，宝之至也。"柙，究竟该怎么理解呢？《论语·季氏》有一句名言："虎兕（sì）出于柙，龟玉毁于椟（dú）中，是谁之过欤？"兕，指犀牛，椟，指木柜、木匣。这句话大意是"老虎、犀牛从笼子里跑出来，龟甲、玉器在匣子里毁坏了，这是谁的过错

第卅二章　观其光锋芒逼人　吴越剑削铁如泥

呢"。如此看来，柙应该是指笼子一类的器具。但是如果放在《庄子》的语境里看，他所说的柙应该与椟相同，是说，人们获得了吴越的名剑之后，不舍得用，把它当成了稀世珍宝，因此要放在木匣里珍藏起来。

庄子一向超然物外，将世俗中的一切视为浮云，也很少夸赞什么，连他都认为珍贵，吴越的宝剑确实是名剑。

那么，是不是从冶铁炉里出来，这把剑就大功告成了？

不是，绝对不是。

请看《荀子·强国》中的一段名言："刑范正，金锡美，工冶巧，火齐得，剖刑而莫邪已。然而不剥脱，不砥厉（砺），则不可以断绳。剥脱之，砥厉之，则劙（lí，割）盘盂（yú，中国古代一种盛液体的器皿），刎牛马，忽然耳。"

这段话的大意是：铸剑的模子平正、规范，铜、锡的质量好，铸剑工匠的技艺高明，火候也恰到好处，这样，打开模子后，像莫邪剑那样的宝剑就铸成了。但是，如果不把剑淬火，不磨砺它，它就连绳子也不能割断。经过淬火和磨砺，即使用它切割铜器、宰杀牛马也轻而易举。

荀子举这个例子，其实是为了说明一个问题。他认为普通百姓就好比刚从模子里拿出的剑，不经过社会教育、法制洗礼、礼仪约束，就好像一把剑没有经过淬火和磨砺一样，没有凝聚力、生命力和战斗力。

他以青铜剑为例，确实恰如其分。脱范后的青铜剑还是比较粗糙的，可能连绳子都不能割断，必须经过刮削、錾（zàn，在金石上雕刻）凿等手段，去掉飞边、毛刺等附着物，然后再经过开刃、磨砺和抛光等工序，最终才能成为一把锋利的青铜剑。这时切割铜器、宰杀牛马，都易如反掌。

这时的青铜剑，一定像《越绝书》中对纯钧剑形容的那样："手振拂扬，其华捽（zuó）如芙蓉始出。观其铓（pī），烂如列星之行；观其光，浑浑如水之溢于塘；观其断，岩岩如琐石；观其才，焕焕如冰释。"捽，冲突，此处指抖动、晃动。铓，指名剑因为冶炼之精而现出的纹采。

　　这段话描述了纯钩剑被相剑大师薛烛抖动后举起的样子。可以看见剑身华彩摇动，就好像刚开的芙蓉花一样娇美；看剑身上的纹彩，就像天上的星星一样绚烂；看剑的光泽，像水从满溢的池塘里涌出一样；看剑的锋刃，恰似琐石一般高峻；看剑的材质，正像严冰融解时那样晶莹剔透。

　　纯钩剑如此，越王勾践剑如此，吴王夫差剑也应该如此，那些在历史上展现了王道意志的名剑，无不如此，它们不仅有锋锐的剑身，更有高贵坚强的灵魂。

第卅三章　大历史深度融合　青铜剑剑魂永存

金文、青铜器和青铜剑的研究是显学，名家著作汗牛充栋，不可胜数。对于吴越争霸、吴越文化，对于那个特定历史阶段出现的人物，人们终将乐此不疲地研究下去。一段不可复制的历史，一段充满雄图霸业和爱恨情仇的历史，总是让人倍感着迷。见证历史主要有两条途径，一是文献记载，诉诸文字；二是考古证明，诉诸器物。无疑，器物是更具有说服力的历史讲述者，随着它们的不断出土，可能会进一步证实文献的正确，也可能会将文献彻底推翻，并且推翻专家曾有的论证。只要不是遭到人为篡改，历史可以是动态的。好像可以不断被解密的历史，更有一种绚烂的色彩，光怪陆离。人们在不断破解历史的哥德巴赫猜想的过程中，会得到更多的启示。

作为编外历史研究者，笔者一向反对过于沉迷考据，怕入羊肠小道，而失山巅景秀。看历史观其大处才有恢宏气度，看人物观其大局才能兼容并包。看大不是放小，重视大处不是忽略细节，而是怕过于重视考据，虽可在细节处精益求精，也容易一叶障目不见泰山，看历史如此，看人物、事件同样如此。但是，有细节的历史，才能激发人不断探寻的欲望，这其中的尺度很难拿捏。

这十余万字的创作，一开始只是为了解决一个问题：全力摆脱对吴王夫差、越王勾践和伍子胥的刻板历史印象，要从战略分析和历史细节探查的角度切入，而不要以为吴王夫差只是因女色亡国，越王勾践只是意志胜利，伍子胥只是一个咬牙切齿的复仇者。

通过精细的历史分析，可以得出基本的结论：吴王夫差一味追求军事上的成就感，虽然战术上节节胜利，但却输在了政治、经济、战略、人才使用等方面。越王勾践不仅卧薪尝胆，而且有勇有谋，用人得当，他的胜利是伐兵、伐谋、伐交等因素的综合，伍子胥也不仅仅是一个复仇者，更是留下了宝贵精神遗产的盖世英雄。

追寻吴越两国的历史细节，如步入一个绚烂的世界，与水战、近战理论和实践紧密结合的青铜剑，哪怕是剑身的一道纹理，仿佛都能讲出一段传奇的故事。

根据目前的考古证明，青铜剑最早见于商代晚期，在西周时获得了发展，可是这两个时期的战争以车战为主，长距离杀伤武器弓箭和长柄武器才是制式武器的主流。考古中发现的商周青铜剑，以现在的眼光来看，也都只是长匕首的尺寸，并不是军队的主要制式武器。春秋晚期至战国是青铜剑发展的鼎盛时期，尤其是吴剑和越剑，有开创之功，把青铜剑从实用性和艺术性两个维度带入了一个新阶段。

在这里有必要从文化战略的角度看一下汉文化的组成。在西汉政权建立、汉文化实现一统之前，以北京、河北为中心的燕赵文化，以山东为中心的齐鲁文化，以河南为中心的中原文化，以陕西为中心的秦文

第卅三章　大历史深度融合　青铜剑剑魂永存

化,以四川为中心的巴蜀文化,以两湖为中心的荆楚文化和以江浙为中心的吴越文化,都在不遗余力地进行文化辐射。而且,在春秋战国这个大变革时期,各国之间上演了一幕幕悲壮的兼并大戏,这是当时百姓的最大痛苦,也意味着各地文化的剧烈碰撞和融合。

如果将目光聚焦于长江的上中下游,可以直观感受到这种碰撞和融合。先是吴楚征战不断,吴国上演蛇吞象大戏,然后是吴国战胜越国,越国吞并吴国,楚国灭掉越国,秦国击破楚国。巴蜀一直是秦国的大粮仓,秦国攻击楚国时,巴蜀则为战略后方。在这历史大动荡的时期,长江上游的巴蜀文化、长江中游的荆楚文化和长江下游的吴越文化,开始了相互碰撞、积极渗透、多元融合,最终都被吸纳入汉文化体系,给中华文化注入了生生不息的动力。大历史就是这样创造的。

如果将目光再次聚焦于青铜器和青铜剑的工艺,我们依然可以看到文化的传承与融合。商代的青铜剑虽然只是发展的初级阶段,但是当时的青铜器制造水平已经到达一个前所未有的高峰,只是商代的青铜器,发展战略的重点不在青铜剑上,所以不能武断地下结论说商代的青铜剑水平不高。前文已经说过,青铜器的铸造,有一个关键的技术就是铜、锡的配比,商代在这方面无疑有很多开创性进展和建树。等到制造青铜剑时,可以直接吸取青铜器制造的先进技术成果和经验。

春秋战国之际,是青铜剑发展的黄金时段,铸造技术日益成熟,进而抵达历史巅峰。有人认为,青铜剑如果笼统地按工艺分级,吴剑要优于越剑,越剑要优于楚剑,楚剑要优于秦剑。此种说法当然是不科学的,每一大类的剑都有其优越性。像秦剑的实用功能更强,因为秦国是务实的国家,实用主义是秦国的主流价值观,而且因为需要大量武装士兵,实用是第一位的需求。有限的资料显示,吴剑比越剑更有开创之功，然而把吴剑、越剑视为一体，可能更符合当时的实际。吴越青铜剑最为经典的代表作品就是复合剑，也就是双色剑，在青铜合金成分配比和力学性能两方面实现重大技术突破，在历史上留下永恒的辉煌。

中国有文献记载的文明史是从夏朝开始的，但是现在仍缺乏有力的考古证明，无法让考古界信服。虽然出土过同时代的文明遗迹，但是无法证明那些就是夏朝人建立的。而商朝的历史是毫无疑问的信史，青铜器和甲骨文是最权威的历史记录者。从商朝算起，一直到汉朝，这段历史大概是一千多年，中国从铜器时代完全过渡到铁器时代，青铜剑也慢慢退出了历史舞台，这是一个有原创能力的民族正常的发展历史。反观日本，在弥生时代（大致相当于中国的战国、秦汉时代），非常迅速地从石器时代过渡到铜器时代和铁器时代，当时中日两国交流密切、频繁，这只能说明当时日本是从中国获得了强力的技术支持，这也是日本学界承认的事实。

在中华文化大体系内，青铜剑文化脱胎于青铜器文化，就像母亲孕育子女一样，文化的脐带自然连接。青铜剑就像充分吸收青铜器文化土壤的养分而傲然挺立的青松。

青铜剑的铸造最后脱离青铜器，发展成为独立的体系，采矿、选材、配比、铸范、冶炼、淬火、打磨、雕琢，都有独特的系统。想要铸造一把绝世名剑，任何一个环节都不能出一丁点儿失误，挑选优质材料并做精准的金属配比是打造一把精品青铜剑的首要条件，冶炼时对于火候和金属不同熔点的把握极其关键，在所有的这些环节的执行中，都离不开最为核心的元素——人。

只有技艺精湛的"项目经理"带领一流的匠人团队，才能铸就青铜剑的灵魂。

吴越青铜剑，剑魂永存！

第卅四章　战略错一错百错　经济战一战再战

吴越的经济建设成就，相比铸剑却是乏善可陈的。

不论是四处拓土的鼎盛时期的吴王夫差，还是横行江淮、号称霸主的越王勾践，他们都只具备战时领导人的政治素养，却不具备和平时期领导人的治国策略。这两个人建立的都是一种军需依赖型经济体系，这是一种消耗极大的经济模式，是一种倒金字塔的模式，军工生产和重工业是大头，能够满足民生需求的经济生产是小头，因此，这两国经济都有头重脚轻、根基不牢的致命弱点。

当民生与军工需求出现矛盾时，民生要让位于军事。当国家在军事上节节胜利之时，国民对国君有信心，两者的矛盾还不明显；当出现显著的败势、打了败仗之后，就是民怨沸腾之时。当时的老百姓认为：我们勒紧裤腰带是为了国家打胜仗，而今你打了败仗，我们牺牲个人利益又有什么意义？这在吴王夫差失败时非常明显。而越王勾践最终胜利了，加上他能与民同乐共苦，这才坚持了二十二年，但也已经到了国民忍耐的极限。如果对吴作战失败，恐怕勾践也要走夫差的老路。

在吴国鼎盛之时，占有楚国、宋国、鲁国、越国的一部分土地，向中原老牌强国齐国数次发起挑战，也对中原霸主晋国进行武力威慑。可是当时吴国并没有对土地、人民和资源进行合理配置，人口资源没有转变为人力资源，人力资源没有转变为人才资源。一个国家真正的强大，一定会体现在经济、政治、文化、外交、教育各个层面，在每一个层面上都要有生生不息的人才资源。如果过度依赖统治者的大脑，最多强盛一代，或者先强后弱，这样的案例史不绝书。

其实，吴王阖闾更适合做战时的国君，他对如何发展经济也是一头雾水，只是他能发挥出伍子胥的潜力，这才弥补了自己先天的不足。吴越之人轻生乐死、不怕牺牲，这是他们的优点，同时，过度依赖武力又是致命的弱点。前面提到过，史书假设了一次孔子与越王勾践的会面，这个情况是有可能发生的，一个崇尚武力的君主认识不到文化的力量，无法理解"文武之道，一张一弛"的道理，他不懂刚柔并济、文武并用才是长治久安之道，越王勾践如此，吴王夫差如此，秦始皇如此，西楚霸王如此，汉高祖刚开始时也是如此。汉高祖一听陆贾谈诗书就烦，但是他听到陆贾说"马上得天下，安能马上治之"，立刻醒悟，这才文武并举，才为汉朝打下四百年江山的基础，也是他优于其他君王的地方。可以说，他比较成功地从战时的君主向和平年代的君主进行了转变。

而吴王夫差和越王勾践却没有汉高祖刘邦这样的能力、魄力和悟性，他们沉浸于军事行动带来的兴奋和成就感，不可自拔。他们醉心于攻城略地，至于占有土地之后如何经营和管理，则提不起兴趣，或者刚产生兴趣就被另外一个足以让他们兴奋的军事计划所冲淡。这样占有的土地和人民是没有意义的，而且因为没有扎实稳固的经济基础、管理团

第卅四章 战略错一错百错 经济战一战再战

队,也就左右不了人心向背。被占领区的百姓与之离心离德,今天归吴,明天属楚,后天投越。这样的占领区有时甚至不但不是资产,反而是沉重的包袱。

当时,能够帮助这类君主转变角色的人不是没有。可是君主自身狭隘的视野使那些出类拔萃的精英纷纷离去。君主们便只能在既定战略轨道上一路狂奔,直到心血耗尽或者车毁人亡。

比如吴王阖闾、夫差,如果他们能高瞻远瞩、人尽其才,孙武和伍子胥都有能力帮助他们,这两位都是不可多得的栋梁之材,二者得其一,可以安天下。

孙武作为兵家,对战争的认识之深刻,无人能出其右。而且,他不会割裂军事与政治、经济的密切联系,不会单纯从军事的角度思考。他在《孙子兵法》中多次强调,战争就是经济战,"军无辎重则亡,无粮食则亡,无委积则亡"。他也深刻认识到,战争是对一个国家综合国力的严峻考验,出动十万之师,战车、运输车、士兵、粮秣、武器、装备、后勤等"日费千金"。他讲求"因粮于敌",这是一种以战养战的思维,就是为了避免长途运输对国力造成更大的损耗。他强调"兵贵胜,不贵久""久暴(pù)师则国用不足",军队长期在外作战,就会使国家财政困难,战争要速战速决,不可旷日持久。

如果不遵循这些原则会怎么样?《孙子兵法·作战篇》指出:"夫钝兵挫锐,屈力殚货,则诸侯乘其弊而起,虽有智者不能善其后矣。"单纯为军事而军事,不考虑国家的物质条件和经济水平,最后就会出现钝兵、挫锐、屈力、殚货这样的结局,即军队疲惫、锐气挫伤、实力耗尽、经济枯竭。非常不幸的是,吴王夫差亲自演示了这个失败的路径,他常年发动战争,一波接一波,加之修建邗沟等大型水利工程,让国家陷入了困境。最后"诸侯乘其弊而起",越王勾践趁着夫差在黄池争霸,兵分两路,一路由范蠡、舌庸带领水军溯淮而上,埋伏在吴王夫差返回吴国时的要道上,另一路直取苏州城,杀死了太子友,"徙其大舟"。这都是证明《孙子兵法》正确的活生生的案例。因此,兵家出身的孙武非常反对浪战,也就是反对轻易发动战争。他研究兵法固然是为了胜利,但是这和主张穷兵黩武是两码事,真到出动军队已经是下下策了。真正的高手应该在动用军事力量之前,通过伐谋、伐交等手段,不战而屈人之兵。孙武作为兵家,他的思维虽然有局限性,但他也是一个重视经济的人,后来他之所以隐退,肯定是因为吴王过度好战,他的战略思想得不到全面贯彻。

孙武走了,如果伍子胥的理论得以贯彻,吴国依然有望实现从军事力量崛起过渡到经济和综合国力的崛起。可惜,吴王阖闾只把伍子胥的军事才能发挥到了极致,创造了小国攻破大国首都的经典案例,伍子胥的政治才能却没有获得完全开发。等到了吴王夫差当政时,伍子胥就连发挥军事才能的机会都给剥夺了。最后夫差杀了伍子胥,也失去了这股强大的制衡力,在错误的道路上一路狂奔,直接奔向地狱的入口,这就是统治者缺少制衡之后,只能痛快一时,却要留下千古遗憾的明证。

同样,越王勾践也是一个有战略局限性的君主。他能够为了复仇奋斗二十二年,这种意志和坚韧确实值得称赞,然而一味尚武的人,天生就缺少一种看透历史迷雾的洞察力,也缺少一种建立雄图大业的战略规划能力。打败了吴国,国土面积至少扩大了一倍,威势波及范围更大,短时间内无人敢挑战越国的权威。这时,如何建设好一个新的王国?是以全面经济建设为中心还是继续只以军工产业为发展核心?这是摆在越王勾践面前的重大命题。在这二十二年中,国家排在首位的目标就是复

第卅四章　战略错一错百错　经济战一战再战

仇和生存，这个目标比较容易集中领导者和普通民众的注意力，但是当这个目标实现之后呢？越国该向哪里去？

事实证明，打败吴国之后，越王勾践没有做国家中长期的发展规划，汇总《史记》《国语》《吴越春秋》《越绝书》中的零星记载，可以得知，越王勾践主要忙着做这几件事：

第一，加强邦交。退还吴国侵占周边国家的一部分土地。这个举动有利于改善国家形象，是有道义的举措，没有问题。

第二，诛杀功臣。越王勾践的思维局限淋漓尽致地体现于此。他原本的目标是消灭吴国，生存下来乃至建立霸业。如今这些目标全部达成，功臣就成了绊脚石。他既不打算建立和稳固政治霸权，也不打算建立吴越"大文化区"，更不打算发展经济，提升吴越人民的幸福指数。他没有春秋第一霸主齐桓公那样的胸怀与魄力，他功成名就之后就不需要人才，只需要奴才了。此后，越国三杰全都烟消云散，文种被杀，范蠡逃走，计然装疯，舌庸、扶同、皋如等被日益疏远，越国人才凋零。

第三，炫示武力。沿着吴王夫差争霸中原的路线走了一圈示威。

第四，迁都琅琊。《吴越春秋》记载："越王既已诛忠臣，霸于关东，徙都琅琊，起观台，周七里，以望东海。死士八千人，戈船三百艘。"此时，越王的霸业达到顶点。关东，是函谷关以东。琅琊，秦置琅琊郡，地址在山东胶南县（今青岛黄岛区）、诸城县（今诸城市）一带。这表明越国曾努力从江浙向山东拓展势力范围，直接威胁到齐国的国家安全。观台，应该是可以登高望远的所在，周长七里，是为了远观东海，这倒显示出勾践是具有"海洋基因"的国君。只不过不知道他是像秦始皇一样，只对海外仙山和长生不老药感兴趣，是想凭着八千死士、三百戈船拓展一下越国的海洋疆域，还是单纯为了个人享受。

第五，射求贤士。射求不是一般性的追求，而是迫切追求，只不过这时勾践更像是在做姿态。越国本身不乏贤士，而且都是当时的一流人才，范蠡、文种、计然，把那么弱小、山河凋敝的越国，变成了强大的国家，他们绝对还有能力让越国成为超级大国。可是兔死狗烹、鸟尽弓藏，他们都被逼死、逼疯、逼走了，活生生的案例摆在那里，谁还会像越国三杰一样与勾践同生共死呢？就是在这个背景之下，史书才假设了一次孔子与越王勾践的会面。然而道不同不相为谋，重视眼前利益、过度炫耀武力的兵士集团是不能和追求长治久安之道的文士集团坦诚相待的。即便孔子真与勾践见过面，也一定会不欢而散。这也预示了，越国不会改弦更张、重新制定国策，它注定突破不了发展的瓶颈。

第六，追求虚名。"勾践乃使使号令齐、楚、秦、晋，皆辅周室，血盟而去。"注意"号令"这个词，这是从上而下的姿态。"自越灭吴，中国皆畏之"，自从越国灭了吴国之后，中原各国全都害怕它。可是这次，秦厉共公没有听招呼，于是勾践发动军队去攻打秦国，"军士苦之"，即便吴越之人都好战，也不愿意参加这样的战争，这和自卫反击不同。好在秦国服软了，承认了错误，于是越国退兵，士兵非常高兴，还创作了一首《河梁歌》，据《吴越春秋》说是这样的："渡河梁兮渡河梁，举兵所伐攻秦王。孟冬十月多雪霜，隆寒道路诚难当。陈兵未济秦师降，诸侯怖惧皆恐惶。声传海内威远邦，称霸穆桓齐楚庄。天下安宁寿考长，悲去归兮何（一说为"河"）无梁。"这首诗很容易理解，只有"称霸穆桓齐楚庄"这句需要解释一下，穆是秦穆公，桓是齐桓公，庄是楚庄王，是说越王勾践和这些人一样，都是春秋霸主。称霸只给越王勾践一个人带来了荣耀，这首诗其实体现了士兵的厌战情绪。

第七，交代后事。越王勾践三十二年（公元前465年，《吴越春秋》认

第卅四章 战略错一错百错 经济战一战再战

为是二十七年冬,即公元前470年,应是错误的),勾践卧病不起,临死前,他对太子兴夷说:"我是大禹之后,继承了先父允常(一说元常)的德行,受到了上天神灵的庇佑和赐福,以贫弱的越国为基点,借助了楚国的力量,最终摧毁了吴王的武装力量,并且跨过了长江,渡过了淮河,在晋国、齐国的土地上纵横驰骋,功业与德行,伟大而崇高。达到这个巅峰,难道不应该警惕吗?你作为霸主的后代,难以长期立于不败之地,你一定要谨慎小心啊。"勾践说完就去世了。他倒有比较清醒的认识,知道"盛名之下,其实难副"。虽然《吴越春秋》上说,即便在勾践去世之后,越国也一直称霸,但是,我们能明显感受到,之后的越王再也没能把越国带到越王勾践时的高度,那是越国兴盛的巅峰了。

另外还有一个小问题需要说明,《吴越春秋》记载越王勾践的太子叫"兴夷",《左传·哀公二十四年》所记太子为"适郢",《史记·越王勾践世家》记为"鼫与",《竹书纪年》称作"鹿郢",《越绝书》则为"与夷"。同一个人的名字没有统一的说法,让考证困难重重,这也是前文讲解越王剑为什么那么难的原因。

此外,伍子胥去世的确切年份也是有问题的。他在艾陵之战发生那年去世,而艾陵之战的发生时间,《春秋》《左传》《史记·十二诸侯年表》认为是鲁哀公十一年五月,即吴王夫差十二年,也就是公元前484年;但是《吴越春秋》认为是吴王夫差十三年,即公元前483年;《史记·吴太伯世家》则认为是吴王夫差七年。"七年,吴王夫差闻齐景公死而大臣争宠,新君弱,乃兴师北伐齐",伍子胥劝他以越国为重,"吴王不听,遂北伐齐,败齐师于艾陵"。如果从齐景公去世这个线索来推算,有一种说法是说齐景公在公元前490年去世,可如果按吴王夫差七年来计算(公元前495年为吴王夫差元年),齐景公应该是公元前489年去世的。关于春秋史，《左传》相对权威。本文还是以公元前 484 年发生艾陵之战，伍子胥也死于那年为准。因为所据史料、著作不同，同一人物的名字、同一事件的发生时间都可能与读者了解的不同。笔者只能保证自己尽量采用有确切根据的说法。如果因此导致细节有差异，还请读者海涵。

勾践灭吴之后的这些行动，都基于《吴越春秋》的记载，不一定权威，但应该八九不离十。

第卅五章　资质差全在谋臣　格局小失道寡助

从越王勾践灭吴到他去世，大概有九年左右，这段时间在我们看来，已经足够用来做越国的中长期发展规划了。可是勾践和历史上很多君王一样，此时迫切考虑的问题，是如何江山永固，如何安置能臣强将，总怕儿子太嫩，掌控不了局势，所以想在自己活着的时候，解决他认为的潜在风险。正是因为这种传统，让中国历史多次重复某些似曾相识的桥段，跳不出历史周期律。

还有一种可能，就是伐吴之战已经用尽了勾践一生的心血，他就是为这件事而活的，也正是因为这件事，他才能独自支撑这么久。如果没有伐吴这个信念，恐怕他早就垮掉了。也许在伐吴胜利后，让他为越国的未来做出更长远的规划，确实是强人所难了。

越王勾践是这样，吴王夫差也是这样。假如夫差取得了吴越争霸最后的胜利，灭掉了越国，他也同样跳不出思维的局限性，依然不会重视经济，不会从根本上改变吴国的发展方向。灭了越国，只会让他有更大的野心。他曾数次攻击齐国，挑战晋国，如果让他灭了越国，晋国、齐国、楚国都要永无宁日了。那时的吴国一定会成为春秋时期的"战争策源地"。

越王勾践与吴王夫差缺少的是秦国国君用人和做事的魄力。在这二位之后，秦孝公任用商鞅变法，推行"耕战政策"，使秦国强盛，这是非常了不起的。但吴王夫差、越王勾践没这么高瞻远瞩。吴王夫差留下千古遗恨，后代越王也很难复制越王勾践的辉煌，不仅他们俩，春秋霸主齐桓公、晋文公、楚庄王，也只能国富民强一两代。这说明，没有强大的制度和文化保障，国家就是"遇明君则强，遇常君则弱，遇昏君则亡"，至于是强、是弱还是亡，只有天知道。

齐桓公、晋文公、楚庄王其实都还情有可原，吴王夫差和越王勾践曾经有彻底改变的机会。这个时候虽然不是战国那种理念大变革的时代，但是世道将要发生剧变，如同春雷轰然炸响，凡是具有雄才大略的政治家，都应该未雨绸缪，做出富有远见的决策。

在中国历史上，像秦皇汉武、李世民和康熙这样的君王非常少，他们得以青史留名，某种程度上得益于名臣贤相的鼎力支持。他们用人的不拘一格成就了名臣贤相，同时，名臣贤相也用一生心血成就了他们的宏图霸业、崇高声望。比如齐桓公小白，好美色、好美酒、好美食、好犬马、好奉承、好享乐，如果不是善于用人，他就是一个标准的败家子，怎么可能成为春秋第一霸主、创立影响天下的功业呢？

吴王阖闾、吴王夫差、越王勾践，单靠他们个人的素质，恐怕在历史的汪洋中不会留下一点波澜。而伍子胥、文种、计然、范蠡这些人则不然，他们都是大师级的政治家，谁能发挥他们的聪明才智，谁就能成为历史的主角。可是，纵观吴越的历史，他们只能在军事斗争中实现人

第卅五章 资质差全在谋臣 格局小失道寡助

生价值,不能在制度规划、经济发展、文化建设中大显身手,这是非常令人遗憾的。

苏州城作为伍子胥主导设计的伟大作品,得以传承两千五百年,这足以证明他的才干。吴国的经济、政治、军事都与楚国相差了几个量级,但是伍子胥却能深入楚国,攻陷其首都,这足以证明他的军事才能。伍子胥还通过创造战法,发明战船,使吴国的水军、水战走向辉煌,这足以证明他的创新能力。

孙武,作为客居吴国的齐国人,作为军事理论和实践家,在伍子胥的鼎力推荐下走上历史的舞台,这足以证明伍子胥在用人上的魄力。吴王阖闾时,吴国的时代命题还是生存和奋斗,吴王阖闾只重军事,情有可原。到了吴王夫差时,吴国其实已经进入新时代,可以有更大的历史抱负,但是吴王夫差只知道继承父辈的军事遗产,却开创不出新局面,甚至杀掉了伍子胥,让吴国的发展大势中断,这是不可原谅的。

第卅六章　范文交比肩管鲍　越三杰风云际会

相比于吴国人才的遭遇，越国三杰范蠡、文种、计然的能量更没有得到充分开发。对于越国三杰的真实性，范蠡和文种没有异议，而计然是否真实存在，还有一些争议。

一种观点，以晋代学者蔡谟（mó）和近代学者钱穆为主要代表，认为计然史无其人，计然是书名，为范蠡的作品；另一种观点认为，计然实有其人，为范蠡之师；还有说，计然是人名，即文子，是老子的弟子，与孔子同时；另外，也有人说计然就是文种。

这是一个非常复杂的学术问题，详情不做辨析，感兴趣的读者可以参阅《"计然"考辨》《计然其人姓名及其思想考订》这两篇文章，非常具有说服力。在此，只取主流的说法。

计然，又叫计研、计倪、计砚，其实这都不是他的本名。他本姓辛，名或者字为文子，叫辛文或辛文子，其祖先是晋国的公子，后来逃到了宋国葵丘濮上，计然应该就是出生在宋国的。要是给他登记个人信

第卅六章　范文交比肩管鲍　越三杰风云际会

息,在籍贯一栏应该写晋国,在现住址一栏应该写宋国。他年少时就非常聪明,"博学无所不通,明阴阳历数,尤善计算",学习阴阳历数,能见微知著,心有算计但是不爱显露出来。一般来说,能够研究阴阳五行的人都有一颗独特的大脑,但这样的人也可能落入玄学窠臼,不喜欢关注生活现实。可是计然非常独特,他既懂阴阳学又善于计算,有精算师的素质。如果春秋时代举行一次数学竞赛,他很可能就是冠军。这就让他能在研究宏大宇宙命题的同时,不失对社会细节的深刻认知。

这是一位才不外露的隐士,所以当时一般人都不知道他的真实能力和真实姓名,可能是看他的计算能力超强,根据特色才叫他"计然"。他从葵丘濮上到越国的海泽之地去游历,自称"渔父"。就在这个时候,范蠡与他机缘巧合碰了面,并且谦卑地以弟子之礼侍奉他。此时,范蠡、文种已经是越王勾践的臣子,而且应该是越王勾践遭遇第一次惨败之后,范蠡邀请计然出山共保越王,计然认为"越王为人鸟喙(huì),不可与同利也",但在范蠡的坚持下,他同意出山。

现在有人争论,计然究竟是用了多少计策才帮越国打败了吴国,是"计然七策"还是"计然十策",还是只用了三策,这并不重要。如果纠结具体数字,书就读呆了。历史记载总是简略的,还可能是三十策、一百策,只选择其中关键者记录下来。但有一点很重要,就是计然通过阴阳学说和经济学说影响了越国的发展,实现了越国的富强。

计然来到越国时,范蠡已经是越国的大夫,那范蠡是越国人吗?不是。他、文种和伍子胥一样,都是楚国人。所以吴越争霸名义上是吴王和越王的对峙,实际上是来自楚国的人才进行的一次巅峰对决。范蠡和文种来越之前的事迹,《史记》基本没有提及,现用《吴越春秋》《越绝书》里的内容填补,这里的记载可能不太可靠,权当参考。

范蠡未成年时（当时指男子二十岁前），一会儿癫狂，一会儿清醒，当时的人都认为他精神不正常。这是所有天才的苦恼，他们的精神世界超凡脱俗，能与之平等对话的人寥寥无几。众人无法理解他，无法和他沟通，他的智慧才能也就无从展现。

也并不是谁都不能理解范蠡，有一个人能够读懂范蠡的思想，他就是文种。文种与范蠡的结缘是在楚国，在楚之时，文种已为宛令，即南阳的最高行政长官，而范蠡出身贫贱，祖上也没有功名和爵位，一官身一布衣能够成为知己，说明精神层面上能沟通，彼此认可。

二者见面的具体情况有三个版本，可谓春秋版"三顾茅庐"。

第一个是《越绝书》版。文种来到范蠡居住的地方，只知道这里有一位贤人，却不知道他究竟在哪里。文种先是在城里找，然而一无所获。后来想，狂放之士中有圣人，贱民百姓中有君子，于是扩大搜索范围，终于找到了范蠡。文种非常高兴，邀请范蠡当自己的僚属，向他请教治国之术。这时，范蠡一改疯癫模样，进退有节、揖让有礼，看上去就是谦谦君子。两人志同道合，终日畅谈。

第二个是《会稽典录》版。范蠡"佯狂、倜傥、负俗"，表面上装疯卖傻，实际上风流倜傥，然而因为不屑于和普通人接触，所以与世俗不相谐。人们也并不知道他心怀锦绣，他一直是一个非主流的存在。刚开始，宛令文种虽然也有敬贤之心，然而只是派了一个下属代表自己拜访范蠡。这个人回来说："范蠡是我国的狂人，生来有病。"可能遭到了冷遇和白眼，因此没有说什么好话。文种笑着说："贤能的人一定自视甚高，因此会被人视为狂傲。由于不容于世，即便他们有独到的见解，外人也必然认为他们无知，并且会肆意诋毁他们，这不是你们所能理解的。""内怀独见之明，外有不知（智）之毁"，这恐怕是所有特立独行之

第卅六章 范文交比肩管鲍 越三杰风云际会

人都要遭受的世俗考验。第二次，文种亲自去见，范蠡依然回避。但是，范蠡也知道文种之名，了解文种也是一个超凡脱俗之人，不是叶公好龙，因此断定他还会来。有一天，范蠡对兄嫂说："近日有客要来，借我一套像样的衣服。"没过多久，文种来了，两人抵掌而谈，也就是说相谈甚欢。旁人深感震惊，不知道当地的行政长官怎么和一个疯子谈得如此融洽。这就是文种三拜范蠡，像不像三顾茅庐？

第三个是《吴越春秋》版。大夫种，姓文，名种，字子禽，在差点把伍家灭门的楚平王当政时，担任宛令。文种来到范蠡住的地方时，范蠡正在狗洞旁边蹲着学狗叫，下属怕文种难为情，就挡在二人之间。文种说："不要挡。我今天到这里来，是受到了圣人气象的指引，因此一步步被引到这里来。"于是下车拜见，范蠡也不回礼。

一见投缘、互相引为知己的范蠡与文种都有远大志向。以当时情况来看，留在楚国应该是永远没有机会的，在以出身来决定一生荣辱的时代，像范蠡这样的人很难出人头地，即便他有经天纬地之才。文种不甘于现状，希求的也一定不会是普通意义上的荣华富贵，如果他只是为了仕途顺畅，留在楚国就好了，他身为宛令，已经是楚国的中层干部，何必外求？

这两人，一定有改变世界的抱负，可是选择哪里为支点，这是一个非常重大的问题。最后二人的选择是越国。

对于这两人为何去越国，权威史书上没有明确的说法，只能进行学术考证。由于当时各国的主要矛盾是南北矛盾，南楚、北晋是对峙的两大政治集团，一个是"楚约组织"，一个是"晋约组织"，势同水火。吴国与楚国为敌，隶属于"晋约组织"。为了帮助吴国富国强兵，晋国曾经派出巫臣父子来吴国，帮忙改革军事制度。这时楚国看到了吴越成仇的可能性，于是楚国与越国也具有结盟的可能。因此有一种说法是，身为楚国政务官的文种，被楚国秘密指派到了越国，帮助越国改革政治，以便与吴国为敌，减轻楚国的压力。还有一种说法，范蠡的籍贯不是晋国，而是徐国，徐国在公元前 512 年被吴国灭掉，他才到了越国，是要为徐国报仇。当然啦，还有其他可能性，不一一探讨。

其实，范蠡和文种这类人，不是彻底的现实主义者，也不会只靠理想主义来进行战略决策，他们是务实的理想主义者，是有理想的现实主义者。当时，他们选择来越国，一定做过很多的战略分析和细节推演。

与文种、范蠡同时代的孔子，也曾经想要实现自己的政治理想，实施仁政，却在鲁国遭受排挤，于是他带领弟子周游列国，希望寻找一块政治实验田。可惜他一直没有找到能够接受自己理念并实施仁政的统治者，因此，仁政这颗种子无法生根发芽，这是对孔子这样的理想主义者最为致命的打击。前文提到，楚昭王曾经想划出一片方圆七百里的土地，让孔子做这块"楚国特别行政区"的最高长官，可是令尹子西坚决反对，他认为，孔子团队是有信仰的团队，团队成员各有擅长之处，如果给他们这样一块实验田，很可能会搞出成绩。但是，孔子的理想是实行仁政、王道，最终要恢复周礼，而楚国得以发展壮大，恰恰是因为摆脱了周礼的限制。不说别的，楚王自称为"王"，与周天子平起平坐，在当时就是典型的大逆不道。加之楚昭王很快去世，孔子的梦想破灭了。按照当时的社会实际情况，孔子很难在权力盘根错节的国家实现个人理想。如果孔子能获得一块政治试验田，从零开始，从政治、经济和社会实践中深刻反思自己理论的利弊，将会是中国历史之大幸，然而，这只能是一种奢侈的愿望。

孔子可以一切从理想出发，但是文种和范蠡却不是这种纯粹的理想

第卅六章 范文交比肩管鲍 越三杰风云际会

主义者,他们在楚国时,应该就分析好了前进的方向和落脚的地点。

如果进行合理的推测,他俩应该会考虑到,下面几类国家都不是最佳选择:

第一类,名臣当政的国家不能去。

典型国家是齐国与吴国。齐国的晏子,吴国的伍子胥,都是当世名臣,齐景公和晏子,吴王阖闾和伍子胥,已经组成了黄金搭档。由他们来主政,文种和范蠡想取而代之几乎不可能。尤其是伍子胥对吴王阖闾的作用更是不可替代。在与吴王僚夺权的斗争中,伍子胥出生入死,这份君臣互信,直到推行强国措施时依然很牢固。

第二类,贵族当政的国家不能去。

典型的国家是楚国和晋国。如果在楚国能有一番大的作为,两个人本身都拿着楚国的"护照",就没有必要舍近求远了。尤其文种,已经是楚国的中上层人物。但是在这种贵族当政的国家,获取一般的荣华富贵还有可能,想要通过仕途抵达"楚王之下,万人之上"的巅峰,实现个人政治理想,几乎是不可能的。在《屈原贾生列传》中提到的屈氏、景氏、昭氏,就是楚国在战国后期的三大家族,把持着楚国的朝政。战国早期,吴起来到楚国并在楚悼王的支持下搞变法,遭到旧贵族的顽强抵抗,等到楚悼王死后,旧贵族联合杀死了吴起,哪怕吴起想以楚悼王尸体为挡箭牌都不能幸免。这种贵族势力如果排外是非常强悍的。对于文种、范蠡来说,贵族势力一定是不可突破的事业天花板。

晋国也是如此,在这个时代,范氏、中行氏、智氏、韩氏、赵氏、魏氏,六大家族势力开始架空晋国中央的权力,如果文种、范蠡选择去晋国,依然不是明智之举。尤其是范蠡这样身份卑贱的人,一定不能去权贵当政的国家,他在那里永无出头之日。

第三类,国君孱弱的国家不能去。

典型国家是鲁国、卫国。这样的国家生存艰难,奉行"和平主义"的基本国策,和大国小国都是"好朋友",国君也是得过且过。以鲁国为例,鲁定公时,权臣季桓子接受齐国的八十美女,鲁定公也乐此不疲,沉湎酒色宴饮,加之还有其他种种不快,让孔子一怒之下出走,周游列国。鲁定公儿子鲁哀公在位时和孔子有一次对话,记载在《荀子》中,可以见识一下当时普通国君的典型形象:"寡人生于深宫之中,长于妇人之手,寡人未尝知哀也,未尝知忧也,未尝知劳也,未尝知惧也,未尝知危也。"脱离社会,脱离人民,这样的国君是没有办法谈论天下大势的。国家弱小不要紧,最怕国君没有硬骨头、不懂战略、不知形势、不能用人。这样的国家,范蠡和文种显然避之唯恐不及。

第四类,强敌环伺的国家不能去。

典型国家是郑国。郑国的统治区域和势力范围主要在河南,这是四战之地,无险可守。当时晋楚争霸,楚国向北攻击,会波及郑国;晋国向南用兵,郑国也是必经之地。因此,郑国就在晋楚争霸的夹缝中求生存。从周匡王五年(公元前608年)到周定王元年(公元前606年),晋国四次伐郑,郑服于晋。从周定王元年(公元前606年)到周定王九年(公元前598年),楚七次伐郑,郑国又转而投入楚国怀抱。这期间,晋楚为争夺郑国,先后爆发北林之战(公元前608年),柳棼(fén)之战(公元前600年),颍北之战(公元前599年)和邲(bì)之战(公元前597年)。尤其邲之战,楚庄王担任统帅的楚军击败了荀林父担任统帅的晋军,一雪楚国城濮(pú)之战大败的耻辱,也确立了楚庄王的霸主地位。虽然这些事发生在范蠡和文种活动的时代之前,但是可以看出郑国的处境为难。一般来说,这类国家都忙于燃眉之急,根本没有能力做出深刻的社

第卅六章　范文交比肩管鲍　越三杰风云际会

会变革，显然也不是范蠡和文种的理想国度。

第五类，地处偏远的国家不能去。

典型国家是燕国。当时的北京、河北还不是政治中心，秦国也是如此，这两个地方都不是理想的目的地，而且南方人到北方，生活习惯和自然条件都不适应。但楚国、越国、吴国都在江南，有相似的人文气质，比较容易熟悉环境，越国和楚国又是天然的政治盟友，有利于日后的外交活动。这三个国家才是范蠡、文种最好的选择。

最后再比较这三国，越国是最好的。越国没有名臣当政，没有贵族当权，越王允常和越王勾践都有霸主之志。越国东面临海，南无强敌，西与楚盟，只是北有强吴，国防安全比较有保证，不像郑国那样四面受敌。只要除掉来自吴国的威胁，就可以一展抱负。

第卅七章　杀石买亡羊补牢　用二士越国势强

《史记》中没有明确记录范、文二人去越国的原因，《越绝书》倒是说过这个问题："俱见霸兆出于东南，捐其官位，相要（邀）而往臣。小有所亏，大有所成。"意思是说，两人发现霸主的征兆出现在东南方，于是就相邀离楚来到东南。这就叫吃小亏、有大成。两人先是来到吴国，有人建议他们到伍子胥手下做事，可是他们认为伍子胥已经大权在握，他们只能跟着伍子胥行事，没有办法让吴国国君完全接纳自己的战略思维。如果选择吴国，最多也只能做伍子胥的副手。

范蠡认为"吴越之邦同风共俗，地户之位非吴则越"，吴越两国都在东南方，而且风俗相同，既然霸主之气在东南方，吴国有可能，越国同样有可能。最终在范蠡的坚持下，两人选择去越国。果不其然，越王勾践欣然接纳并重用了他们。

他们俩同样没有辜负越王的信任："种躬正内，蠡治出外，内浊不烦，外无不得。臣主同心，遂霸越邦。种善图始，蠡能虑终，越承二

第卅七章　杀石买亡羊补牢　用二士越国势强

贤，邦以安宁。始有灾变，蠡专其明，可谓贤焉，能屈能申（伸）。"

文种和范蠡是绝佳的政治搭档，文种主内，整顿国内政治和社会秩序；范蠡主外，负责开展外交活动，给越国争取和平发展的环境。

文种善于谋划，善于开篇布局，范蠡思维周密，执行力强，能把文种的策划案落到实处。一个善于策划，一个善于执行，很有"房谋杜断"的意思，可以称为"文谋范断"。经过这两个人的努力，越国内部的混乱局面大有改善，外交事务也井井有条。此外，范蠡具有战略洞察力，能够防微杜渐，只要出现一些不好的苗头，他总能及早采取有效措施，在越国政治舞台上能屈能伸，左右逢源。

一帆风顺是不可能的。文种和范蠡这样的外来户也不免受到当地势力的排挤。当时持反对意见的代表人物叫石买，是军方的实力派。他认为这些主动投奔来的外人可能并没有真才实学，如果他们真有实力，为何在别的国家没有受到重用？虽然他没有明确针对范蠡，但是范蠡一度退出朝堂，在楚、越之间闲游，恐怕是受此影响。就像韩信遭受胯下之辱、备受非议一样，范蠡这样的大才也很难被普通人所理解。从文种向越王进谏来看，他还没有受到越国舆论的影响，他就像推荐韩信的萧何一样，全力为范蠡辩护："真正超越世俗的大才，必然无法适应世俗的要求和规范；富有谋略的智者，也一定会蒙受众人的非议。建立大功业的人不拘泥于世俗的见识，关注天下大道的人不会迎合众人的心意。"越王勾践是个明君，他没有受到石买的影响，坚持自己的判断，而且开始疏远石买。

范蠡后来主要掌管军事和负责外交，如果不能树立自己的权威，就很难胜任越国的上将军一职。可石买是军中的实力派，既然他对范蠡有成见，军队还能听从范蠡的调度吗？所幸还没有等到与范蠡合作共事，石买就已经人头落地了。他贪婪好利,见识短浅。越国和吴国大战,以石买为将,当时很多人都劝说勾践不可用他,用他必败,但是勾践不听。石买带兵到了前线,专擅军权,滥杀无辜,只为个人立威,这让将士们都非常惊恐。兵法上说"视卒如婴儿,故可与赴深溪",是说爱护士兵,他们就会与你共赴险境。可是,在石买的高压指挥下,越军的斗志土崩瓦解,作为统帅,石买却一点不知道。这个情况被对面的吴军统帅伍子胥看透了,于是声东击西,在夜里点起火把,擂鼓佯攻,白天也使用奇谋,布下疑兵,让本来就人心不附的越军更加心惊肉跳。有人向勾践汇报,勾践就把石买杀了,并亲自向全体将士谢罪。

亡羊补牢,可是为时已晚。在这次大战中,勾践兵败如山倒,最后只剩五千精锐退守会稽山。在此危急时刻,范蠡和文种顶住压力,争取到讲和的机会,最终才让越国转危为安。这使勾践更相信自己当初的判断:"石买只知过去,无法预判未来,他是要让我抛弃贤人啊。"

孔子弟子子贡说:"荐一言,得及身;任一贤,得显名。"君子成人之美,自己也能得到好处;任用贤能,就可以获得显赫的名声。伤害贤能的后果可能是亡国,埋没人才的君主会遭殃。可惜石买这类人不懂这个道理,只知道为自己代表的利益集团说话。而范蠡这样的人,天生又留给别人许多话柄:你说你是大才,为何别人不用你?请问有什么成功案例可以证明?这时最考验谁呢?考验最终的决策者。你是相信一个老部下基于常识的判断还是相信一个勇于创新的新人?历史证明,这时的越王勾践顶住压力做出了最好的选择。不怕有人进谗言,就怕决策者没有清醒的认识和用人的魄力。石买的诋毁反而坚定了越王勾践重用范蠡的决心,而石买势力的消亡,也扫除了范蠡掌握军权的障碍,这些都成为越国日后绝地求生乃至称霸诸侯的关键因素。

第卅八章　战略期高人指点　越勾践范蠡制造

大多数读者都知道越王勾践卧薪尝胆，其实，任何一个帝王都很难做到这一点，忍一时可以，长久忍耐，则是对意志和信念的艰苦考验。复国大业并非越王勾践一人之功，同时也是以范蠡为首，由文种、逢同等人组成的团队合作的成果。

夫椒之战，越军大败，勾践带着残兵五千人退守会稽山，最后自己入吴国为质。《史记·越王勾践世家》中记载，文种作为越国的谈判代表去吴国请和，其中一个条件是"勾践请为臣，妻为妾"，意思是说，勾践请求成为吴王夫差的奴仆，勾践之妻请求成为奴婢。但是没有说，他们两个要到吴国来侍奉夫差。最终勾践回到了国都，把国政委托给文种，范蠡和柘（zhè）稽代替越王夫妇去吴国当人质，两年以后，范蠡被释放回越。但是《吴越春秋》上则明确记载，越王勾践五年（公元前492年）五月，越王亲自入吴为质，于越王勾践七年（公元前490年）回国，大约三年。《国语·越语下》则说勾践"与范蠡入宦于吴，三年，而吴人遣之"，与《吴越春秋》基本吻合，但是没有准确的时间记载，《吴越春秋全译》作者张觉先生认为应该是越王勾践八年（公元前489年）才对。笔者选择越王勾践和范蠡去了吴国，在越王勾践七年时被放回这一说法。

如果这个时间点确定了，那么就可以再利用几个关键时间点，把吴越争霸划分成几个阶段，如果从越国的视角来看：

第一阶段：战略被动期（越王勾践元年至七年，即公元前496年—公元前490年）。此时是吴国的战略优势期。吴王夫差取得了对越战争的完胜，只不过没有听从伍子胥的建议灭掉越国，而是接受越国的求和。他也跃跃欲试，向中原拓展势力范围。而越国则跌入了谷底，能否东山再起都成了未知数。

第二阶段：战略相持期（越王勾践八年至十五年，即公元前489年—公元前482年黄池大会前）。此时是吴国的战略进攻期。在这七年中，吴王夫差多次对齐发动战争，充当"春秋时代国际警察"，并杀死了伍子胥。公元前482年的黄池大会上，他似乎抵达了事业的巅峰。但是此时，吴国因为连年用兵，国内民怨沸腾、经济疲敝、外强中干。越国正好相反，韬光养晦，埋头干活，刚柔并济，苦练内功，发展经济，充实府库，让利于民，增加人口，扩大兵源，训练军士，麻痹吴国，亲近楚国，结交齐国，依附晋国。终于趁吴王夫差参加黄池大会、国内空虚之时发动突袭，杀死了吴国太子友。

第三阶段：战略反攻期（越王勾践十五年至二十四年，即公元前482年黄池大会后—公元前473年）。此时是吴国的战略被动期。这期间，吴国基本就是被动挨打，如果伍子胥还在，他有办法化解危局，可是现在只有那个只会说"高，实在是高"的伯嚭，只能让吴国日渐消亡了。越王勾

第卅八章　战略期高人指点　越勾践范蠡制造

践二十四年（公元前 473 年），即吴王夫差二十三年，越灭吴，夫差自杀。如果从越王勾践三年算起，到这一年正好是二十二年，"十年生聚、十年教训"的战略彻底赢得了胜利。

第四阶段：战略优势期（越王勾践二十五年至三十二年，即公元前 472 年—公元前 465 年）。在越王勾践三十二年，勾践病逝之前，作为用拳头打出一片天地的霸主，他享受了霸主的尊荣。此时，越兵横行于江淮，中原各国也都畏惧越国这个后起之秀。

越王勾践的这种大开大合、大起大落的人生经历，简直像在戏剧中才会出现，尤其他最后还是以成功者的面目在历史舞台上谢幕，更让人羡慕不已。其实，事实远不是这样。

他不是天生的忍辱负重专家，而是不断修炼、不断打磨、不断接受智囊团的心理辅导，才最终有所成就的。《国语·越语下》记载了他在范蠡面前做过的一次自我批评，他说："父亲突然去世，我继位为王。由于年纪太轻，自制力差，缺少长远规划。出宫就游猎无度，进宫就饮酒无度，也不知道为百姓打算，整天只想着乘船、乘车游玩。结果上天降下了灾祸，越国的命运被吴国把控。吴人对我的羞辱更是变本加厉。"即便这话是后世史官的编造，也是符合实际的，越王勾践刚开始也是一个纨绔子弟"侯二代"，沉湎酒色，游乐无度，目光短浅，不恤民力，和"五不知"鲁哀公也没有本质的区别。心想事成，当然不知哀；富有四海，当然不知忧；四体不勤，当然不知劳；有恃无恐，当然不知惧；年少轻狂，当然不知危。拿这番话比较他后面的表现，当真不易："身自耕作，夫人自织，食不加肉，衣不重采，折节下贤人，厚遇宾客，振贫吊死，与百姓同其劳。"他自己耕地做工，越王夫人亲自纺织，吃穿节俭，放下身段，谦虚地对待贤人，救济贫困，抚恤死伤，跟普通百姓一样从事艰苦劳动。苦难把纨绔子弟塑造成了钢铁硬汉。

勾践没有成为扶不起的阿斗，主要是因为骨头硬，能反思己过、知错能改，也有基本的战略和谋略，更有识人用人的眼光和魄力。此外，还因为他有几个善于做思想政治工作的属下。

被困在会稽山的时候，勾践伤心地叹息："难道我真就这样完蛋了吗？"文种给他打气："商汤曾被关押在夏台，结果推翻了夏桀的统治。周文王曾被囚禁在羑（yǒu）里，结果建立了周朝的基业。晋国公子重耳曾奔逃到了狄国，结果成为名满天下的晋文公。齐国的公子小白为了躲避内乱也一度逃难到莒（jǔ）国，结果成了无可争议的霸主齐桓公，从这些人的经历来看，谁能说我们的境况不会向好的方向发展呢？"

前文从越国角度粗浅划分了四个战略期，在战略被动期的时候，勾践无疑只能夹起尾巴做人，在战略反攻期和战略优势期，勾践的个人意志得到了尽情张扬。在这三个战略期，有这些表现都是非常正常的。真正考验一个人的水平，要看战略相持期，此时考验的是君主个人的忍耐力和团队的决策水平。

越王勾践不是生来就能忍辱负重的，他多次按捺不住，想要和吴国决一雌雄，速战速决，毕其功于一役。是死是活，尽快来一个了断。如果是一个普通的鲁莽将领，有如此想法，实属平常，但如果军事统帅也这样，就该死到临头了。他很可能会给整个团队带来灭顶之灾。楚汉战争时，西楚霸王无数次想和刘邦来个痛快，但是刘邦团队是富有谋略的团队，不会做这种莽夫才会做的傻事。真正的军事家，一定会践行《孙子兵法》中"致人而不致于人"的高超谋略，我能支配你，你别想支配我；我想打你就打你，你想打我打不着。同样，勾践的这些鲁莽想法都

第卅八章　战略期高人指点　越勾践范蠡制造

被范蠡、文种等人给否决了。这个团队知道，吴越争霸是持久战，不是速决战，越国作为弱国更没有轻启战端的资本，必须奉行"以空间换时间，积小胜为大胜"的战略。此时要卑躬屈膝，全面示弱，换取难得的发展机遇。从越王勾践八年到越王勾践十四年，一共七年，如果从越王勾践三年惨败开始算，到越王勾践十四年，大约十二年，这正是越国执行"十年生聚，十年教训""计然七策""文种九策"这些大战略的关键时期。如果此时轻易地挑动战争，不仅不能击破敌人，而且要么引起对方的警觉，要么会刺激对方使出全力来消灭你。

《史记》上说，"勾践自会稽归七年"时，越王认为，自己对百姓士兵的安抚教育已经差不多了，就准备征兵对吴国作战。越王勾践三年时，困守会稽山，从会稽山返回过了七年，此时大约是越王勾践十年（公元前 487 年），正处于战略相持期。大夫逢同劝谏道："国家破败，现在局面刚刚好了一点，如果马上整军备战，吴国立刻就会警觉，吴国一重视，我们就要大祸临头了。一只猛禽在攻击猎物之前，一定会先隐藏好它的身体，这样突然出击，才能让对方猝不及防。现在吴国向北对齐、晋用兵，向南与楚、越结怨，吴王夫差名高天下，但是越如此，越是伤害周天子的权威，国大好战，不施仁义，必然会越来越骄横自大。为越国着想，现在不如结交齐国，亲近楚国，依附晋国，讨好吴国。随着吴国的军事实力越来越强，吴王的野心会越来越大，也会越来越好战。当齐、楚、晋联合起来讨伐吴国时，我们就可以趁着吴国三面受敌的情况下一举消灭它，那时我们就掌握了绝对的主动权。"越王说："好。"

如果这个记载是准确的，那么越王是欣然接受了这个策略，也就是说，被逢同彻底说服了。但是他和范蠡讨论何时发兵这个问题却更加频繁，几乎是一年一次，好就好在他没有发君王脾气，在关键时刻克制住了，否则吴越的历史就会被改写。越王十年、十一年、十二年、十三年，勾践多次和范蠡探讨是否可以大规模攻击吴国，都被范蠡给挡了回去，直到越王勾践十四年，夫差参加黄池大会，"吴国精兵从王，惟独老弱与太子留守"，范蠡才同意出兵，"乃发习流二千人，教士四万人，君子六千人，诸御千人，伐吴"。

从越王勾践元年到三年，越王勾践从父亲手里接过权杖，享受了权力带来的任性，却没有深刻认识到作为权力持有人应该具有的责任，整体表现得非常轻佻。直到越王三年的夫椒之战，他被吴王夫差一拳从越王的宝座上打了下来，跌碎了王冠，才开始啯摸为君之道。从越王勾践二十四年到三十二年，他开始享受作为一个成功复仇者和春秋霸主的荣耀。前三年，他不会用人，后九年，他不想用人，只有这中间的二十年，他才群策群力，依靠强有力的团队来实现自己的计划。他曾经让范蠡这样思考问题，说"不谷之国家，蠡之国家也，蠡其图之"。不谷是勾践自称，意思是说，现在我的国家就是你的国家，范蠡你会如何想、如何做、如何振兴它？这种姿态，已经低到了极致。然而，他毕竟还是君王，骨子里对于权力的占有欲依然是极其强烈的，他的低姿态只是一种策略。因此，当他认为已经实现了自己的目标时，也一定会像所有的君王一样，认为自己的儿子没有办法驾驭臣下中的这些豪杰，为子孙计，需要清除他们。范蠡看得透，跑了；计然看得透，装疯了；文种还心存幻想，被杀了。既然范蠡和计然早就看出越王勾践的本性，为何还要和他一起做事？他们心之所想我们无从得知。如果从平常的角度来看，他们应该还是怀有平治天下的抱负，也是在追求一种成就感，当时没有平民创业这种机遇，皮之不存，毛将焉附？士人只能为毛，君主才是皮，只有成为帝王师才有可能最大限度实现人生理想。

第卅九章　庆功会上退意定　何处黄金铸范蠡

越国三杰与越王勾践是互相成就的关系，从这个角度来看，也不能只骂越王勾践忘恩负义、兔死狗烹，那不是成年人应该有的思维方式。国家与国家之间、君臣之间的伦理和道德比较特殊，不能一味套用人际关系和社会中的伦理道德标准。当然，你可以用一把尺子量尽天下人与事，这是你的自由，可是如果这样来认识这个复杂的社会，恐怕会撞得满头都是包。一个统治者，对内讲求仁义礼智信，当他成为国家的象征时，也可以变得见利忘义、翻脸无情，为了国家的利益不惜刀兵相向。这样的统治者并不是普通意义上的"坏人"。如果他对内阴狠狡诈、手腕高压，对外"与人为善"、四处买好，不惜牺牲国家的利益，那他也不是所谓的"好人"。

如果交朋友，一定不要结交越王勾践这样的人，这是毫无疑义的，事实证明，这样的人还真不少。但如果只把越王勾践视为国家的象征，不当作个体来看待，他就不能单纯地被定义为好人或是坏人。勾践在胜利之后的种种做法，有为国家利益考虑的因素。当越国取得了对吴作战的完胜之后，召开庆功会，乐师认为越王勾践"功可象（像）于图画，德可刻于金石，声可托于弦管，名可留于竹帛"。这是说，大王的功绩可以画成图画，大王的德行可以刻在钟、鼎、碑上，大王的声誉可以谱写成乐章，大王的名字可以留在史册上。

文种同样非常高兴，说了一段祝酒词，大意如下：

> 我王秉持正道，贤能仁义慈祥。
>
> 灭掉仇敌吴王，不忘返回家乡。
>
> 赏赐无所吝惜，群邪全被埋葬。
>
> 君臣和谐共处，福佑天下万邦。
>
> 美酒一献再献，我王万寿无疆。

越王勾践听完什么反应呢？"台上群臣大悦而笑，越王面无喜色"。谁能窥破他的心思呢？范蠡。

"范蠡知勾践爱壤土，不惜群臣之死，以其谋成国定，必复不须功而返国也。故面有忧色而不悦也。"

对于这几句话，张觉先生的翻译是："范蠡知道勾践是贪图土地，而并不顾惜群臣的死亡，因为他的计谋已获得成功，国家已经安定，肯定又想去求大功而不想回国，所以脸上有忧虑的神色而不高兴。"别的话都好理解，"以其谋成国定，必复不须功而返国也"这句话，非常难以理解。像张先生这样翻译不是不可以，但是如果勾践还想求取大功，就一定需要下面的能臣猛将啊，像汉高祖杀害功臣之后，不是还吟唱"安得猛士兮守四方"吗？汉高祖这句话还是有悔意在里面的。还有人说这句话的意思是"大臣没有功劳而回到国都，都会遭受他的报复，所以才忧虑而不高兴"。

第卅九章　庆功会上退意定　何处黄金铸范蠡

在此，笔者倒是有不同的看法。勾践之所以不高兴，恰恰不是因为他还想"求取大功"，或者因为"大臣无功"。他为了报复吴国，用了二十二年的努力，能和他同甘共苦的团队成员，没有功劳也有苦劳，只是功劳有大有小而已。恰恰因为这些人功劳太大，在庆功宴上，越王就想到了回到国都论功行赏的事情。如果按照功劳赏赐，或者兑现当初承诺的"股权"和"期权"，他就开始肉痛了。如果不论功行赏，这些人都是才能卓绝之士，一旦他们心怀不满，就很容易成为隐患。他想痛下杀手，又怕落个不仁不义之名。恐怕他考虑到这三层意思，在庆功宴上才会显得郁郁寡欢。到目前为止，勾践已经认为"谋成国定"，大功告成了，因此，他"必复不须（功臣们带）功而返国也"，此时他的理想已经达成，功臣们变得碍眼，他爱惜领土，不想裂土分封，于是就在庆功宴上动了杀机。文种等人丝毫没有意识到危机，还沉浸在胜利的喜悦中，只有范蠡冷眼旁观，看得透彻。

越王勾践，为中国的历史创造了许多经典：越王勾践剑，以古代的精湛工艺给现代中国人带来了震撼；卧薪尝胆，也给中国人贡献了一个具有丰富精神内涵的成语。然而，对于如何对待患难与共的忠臣和老臣，他却采取了一种相当卑劣、相当有失体面的处理办法，给后世历代的统治者提供了一个阴暗而卑鄙、堪称自毁长城的案例。

越国君臣返国之后，果然是离心离德，计然佯狂，其他大臣被疏远，文种忧心忡忡，也不上朝。结果就有人进谗言，说文种立了大功，而"官不加增，位不益封"，因此内心怨恨，甚至无法隐藏自己的不满，不上朝，就是为了不让勾践看出他的不满。其实，这都是以小人之心度君子之腹，如果只是为了富贵，不论在楚国还是吴国，甚至在其他任何一个国家，以文种、范蠡的能力，都是吃用不尽的。他们确实有一种平治天下的理想，只不过所有世俗中人都会认为，他们的理想也只是成为一个精致的、"高贵"的酒囊饭袋而已。

在国家大事上，文种"善始"，范蠡"善终"，文种偏于谋划，范蠡偏于执行，两人珠联璧合，让政事善始善终。然而在个人的人生选择上，二人终究不能同路。每个人都要对自己的人生负责。出于对人性的深刻认知，范蠡做到了善始善终，而文种只能是有始无终。

由于范蠡在庆功大会上窥破了勾践的心思，在吴国时，他就准备离开越王，只是考虑到"人臣之义"，这才跟着返回了越国。在回国的路上，范蠡就对文种说，你该走了，否则越王一定会诛杀你。可是文种不这样认为。后来范蠡又给文种写信："自然界往复循环，春天万物生长，冬天万物凋零，这是自然之理。人有兴衰起落，好运气到达顶点，坏运气就会接踵而至，通达显贵之人也可能穷困潦倒。何时进？何时退？如何生？为何亡？掌握进退存亡的循环辩证之道，恐怕只有贤人才能做到。我范蠡虽然不才，但是也明了进退之道。飞鸟尽，良弓藏，狡兔死，走狗烹，这恐怕也符合自然之理、循环之道。越王的长相异于常人，长脖，鸟嘴，眼如鹰，行似狼，这种人只可共患难，难以同安乐，可以与他患难相随，但是不可共享富贵。您若不走，他将加害于您，这已经是非常明了的。"明于看事、拙于识人的文种不相信勾践会这样，他眼里的越王"贤能、仁义、慈祥"，那是卧薪尝胆的勾践，而不是大功告成的越王。

范蠡辞职时，他认为自己有罪，使得国家蒙受灾难、让越王遭受羞辱。之所以忍辱负重，就是为了一雪前耻，完成称霸大业，但他不认为这是自己的功劳，是依靠祖宗、神明的庇护，是依靠越王的威势和德行才完成的，好比商汤战胜夏桀、周武消灭商纣，如今他该走了。此时，

第卅九章　庆功会上退意定　何处黄金铸范蠡

越王勾践不知是演戏还是真情流露，竟流着眼泪极力挽留，要和范蠡共享这个国家，甚至说让出君位、自己为臣都可以。如果范蠡执意要走，就要杀其妻子。话说到这个地步，范蠡依然不动摇，而且他认为自己妻子儿女无罪，越王不会杀，甚至只有他走了，妻子儿女才更加安全。于是，范蠡从三江口进入太湖，谁也不知道他究竟去了哪里。

听说范蠡不辞而别，勾践忧惧得变了脸色。他问文种是否还能追回来，文种不建议他追。越王把范蠡妻子儿女找来，封给他们百里的土地，告诫人们道："如果谁敢侵犯他们，就将受到上天的惩罚。"勾践感觉做得还不够，又让能工巧匠模仿范蠡的样子铸造了一座铜像，把"他"放在座位旁边，时刻和"范蠡"探讨政事。

离开的范蠡，获得了最高的礼遇；留下的文种，则被赐剑自杀；明智的计然，装疯卖傻避祸。越国三杰，从此凋零。其实他们的价值远远不止于此，是越王勾践的内心格局决定他们只能到此为止。如果勾践还能像以前一样授予他们职权，范蠡也不必去做亿万富翁，计然的经济才能转向发展新越国的国民经济，文种则继续发挥行政之才，越国的发展将是另一番景象。而观越王勾践在此之后的所作所为，经济上毫无建树，再也提不出一个长远的发展纲要了。

与勾践同时代的晏子说："有贤而不知，一不祥；知而不用，二不祥；用而不任，三不祥。"如果狗尾续貂，再加一句话，就是"任而不尽，四不祥"。看不见贤能之人，看见了也不用，用了却不信任，信任了却不彻底，都是灾难。因此，勾践的霸业终究是昙花一现，无法形成让越国持续强大的源动力，也没有改变诸国政治格局的持久力。

总体来说，越国的经济发展只是战时经济，勾践害贤之后，更加没有能力精耕细作，把兼并的土地和人口的价值发挥出来了。

第卅章 曾几时气吞如虎 悠闲看秋月春风

越国最有条件进行国家战略转型，最有机会在经济上做出深刻的变革，最有可能成为诸国中的长久霸主，因为越国三杰中，计然是财政和经济专才，范蠡是军事和经济大才，文种是行政和管理干才。更为难得的是，他们又同时具有战略眼光，如果越王勾践不只是偏霸一方，而是具有气吞万里如虎的魄力，越国在此基础上应该更有一番不俗的作为。可惜的是，勾践也犯了魏徵在《谏太宗十思疏》中指出的唐太宗的一条错误，"在殷忧必竭诚以待下，既得志则纵情以傲物"。君主的"坦诚"和"谦卑"只能是在国乱思良将之时，而一旦得志，就会放纵自己，随意蔑视下属，怀疑能臣，自以为是。

因此，越国经济在越王勾践称霸之后，乏善可陈。

越国是这样的情况，那么吴国的经济如何呢？

吴国的经济更是一种战时经济、军需主导型的经济模式。

为了让读者有一个直观印象，姑且梳理一下吴国在几十年中的重大

第卅章　曾几时气吞如虎　悠闲看秋月春风

军事行动:

吴王馀祭十年（公元前538年），"吴亦攻楚，取三邑而去"。

吴王馀祭十一年（公元前537年），"楚伐吴"。

吴王僚二年（公元前525年），公子光伐楚，败而亡王舟。光惧，袭楚，复得王舟而还。

吴王僚五年（公元前522年），楚之亡臣伍子胥来奔，公子光客之。

吴王僚八年（公元前519年），吴使公子光伐楚，败楚师。

吴王僚九年（公元前518年），公子光伐楚，拔居巢、钟离。

吴王僚十三年（公元前514年），（楚平王去世）吴欲因楚丧而伐之。公子光杀死吴王僚，即位为吴王阖闾，当年就改元为吴王阖闾元年。

吴王阖闾元年（公元前514年），（楚国的）伯嚭亡奔吴。

吴王阖闾三年（公元前512年），吴王阖闾与伍子胥、伯嚭伐楚。

吴王阖闾四年（公元前511年），伐楚。

吴王阖闾五年（公元前510年），伐越，败之。

吴王阖闾六年（公元前509年），楚国来犯，吴军在豫章大败楚军。

吴王阖闾九年（公元前506年），吴国大举攻楚，攻破楚国郢都。

吴王阖闾十年（公元前505年），越国看吴国倾巢而出，趁机攻击吴国。楚国申包胥向秦国求救，秦哀公出兵打败吴国。阖闾的弟弟夫概，趁机秘密回国、自立为王，吴王阖闾不得已回师攻击夫概，打败了他，使他逃到楚国。楚昭王得以回到郢都。

吴王阖闾十一年（公元前504年），吴王派太子夫差伐楚，楚国感觉威胁太大，把都城从郢都迁到了都（ruò，春秋时楚国的都城，在今湖北宜城东南）。

吴王阖闾十五年（公元前500年），孔子代理鲁国的宰相。

吴越争霸（技术篇）

吴王阖闾十九年（公元前 496 年），吴伐越，双方在檇李决战，越国动用敢死队打败吴国，阖闾脚趾受伤，应该是转为破伤风而死。夫差继承王位。

关于这三位吴王在 42 年间的重大军事行动，只需列举这些。吴王夫差元年（公元前495 年）到吴王夫差二十三年（公元前473 年）的 23 年间，夫差的重大军事行动，前文已有详细说明。在这一共 65 年的吴国史中，几乎每年都有大小军事行动，或是主动进攻，或是被动防御，根本没有一点休养生息的时间。有时还算得上以战养战，有时就是没有经济目的的纯军事行动。

吴王夫差最离谱，他在南、西、北三个方向陆续用兵，败越、击楚、伐齐、逼晋、欺宋、侵鲁。吴国东边是大海，没有国家，否则也难逃其魔掌。他父亲攻占楚国时，与秦国也交过手，当时四大国齐、晋、秦、楚都被吴国捶了一顿。吴国仗是打透了，却没有强大的经济实力作为支撑，好比房屋建在沙滩之上，越高越危险。这严重违背了伍子胥的战略思想的，按照伍子胥的构想，要彻底兼并越国，先要建设一个大吴国、新吴国，精耕细作，再作良图。可惜，这个战略目标根本不是吴王夫差的战略目标。

吴王僚九年（公元前 518 年），公子光伐楚，拔居巢、钟离。这次战役发动得还算师出有名，最起码有明确的经济目的。这次吴楚纠纷是一件小事引起的。楚国边境村镇卑梁氏女子与吴国的边境村镇的妇女因为争夺桑叶，引起了双方家族的斗殴，进而引发两国边境的行政长官采取军事行动，结果吴国一方被打败了。于是吴王僚大怒，派公子光也就是后来的吴王阖闾出兵，夺取了楚国的居巢和钟离。先不论谁对谁错，最起码这是出于经济目的，以军事行动达成经济目标，是可以理解的。而

第卅章 曾几时气吞如虎 悠闲看秋月春风

且,这个事件也证明了一个事实,桑叶在那时是重要的经济资源,否则双方不会大打出手。

吴王阖闾三年(公元前512年),吴王阖闾与子胥、伯嚭伐楚。此时,吴王阖闾刚刚取得政权三年,百废待兴,吴国还远远没有到伸张国家意志于远方的时机,可是吴王已经迫不及待了。这次出兵,攻占了楚国的舒城,并且杀害了烛庸、盖馀。这两个人是谁呢?他们是吴王僚的弟弟。他们怎么在楚国呢?是因为他们被断了后路。那被谁断了后路呢?被吴王阖闾。吴王阖闾为什么断其后路呢?是因为在吴王僚十三年时,吴王僚被刺杀。他们怎么跑到了楚国呢?是因为在此之前,两人被吴王僚派遣攻打楚国。吴王僚十二年时,楚平王去世,因此,吴王僚十三年,吴伐楚。国丧是攻击楚国的最佳时机,可也是公子光刺杀吴王僚的最佳时机。毕竟吴王僚的左膀右臂带兵在外,可以减少后遗症。如今这次用兵,很大程度上就是为了灭掉这个隐患。而吴王想趁机攻击郢都,孙武劝谏道:"民劳,未可,待之。"如今人民非常疲惫了,不能继续打,应该等待时机。作为一个伟大的战略家和军事家,孙武非常关注军事与政治、军事与经济之间的密切关系,他认为军事是"国之大事,死生之地,不可不察"。虽然这次吴王听从了孙武的建议,但是他应该没有从根本上认识到军事与经济的辩证关系。接下来,吴王阖闾四年、五年、六年,吴国接连与楚国、越国大战。

下面这段记载要是真实历史的话,恐怕有损吴王阖闾、伍子胥和孙武的光辉形象,这段记载没有出现在《史记》上,而是出现在《左传》和《吴越春秋》上。鲁定公四年,即吴王阖闾九年(公元前506年)十一月二十九日,"吴入郢,以班处官"。《吴越春秋》说:"即令阖闾妻昭王夫人,伍胥、孙武、白喜(伯嚭)亦妻子常、司马成之妻,以辱楚之君臣也。"

　　这几条记载说明什么问题呢？说明作为军事征服者，吴王君臣也一样犯下了人道主义的暴行。"以班处宫"，班，位次，是指按照官位高低，分别住进楚国宫室。比如，吴王住进楚王的宫殿，由楚昭王的夫人"接待"；吴国大夫则住进楚国大夫的府邸，由子常、司马成这些楚国高官的妻子"招待"。按照官阶和位阶来匹配贵族妇女。这里的"妻"是动词，不是娶妻，是"以之为妻"。吴王阖闾的儿子子山应该是违背了这个潜规则，入驻了楚国令尹的府邸，他叔叔夫概非常生气，要去攻打他，子山害怕了，只好退出，于是夫概进驻了令尹府。

　　从这些表现来看，吴国君臣也脱离不了阶级和时代的局限性。

　　从吴王阖闾九年十一月二十九日吴军进入郢都算起，到吴王阖闾十年九月夫概秘密潜回吴国自立为王、阖闾回师为止，吴军盘桓在楚国的都城接近一年。占有楚国都城以后，伍子胥忙着复仇，其他人忙着享乐放纵，并没有在治理上有什么建树。也可能是没有机会，满打满算才占领一年，楚国人依然在反抗。秦国 500 乘战车的军队也进入楚国、攻击吴军，越国又趁着吴国空虚偷袭，夫概秘密潜回吴国自立，这种种的情况都让人焦头烂额。吴国征服楚国只是象征性的，并没有给吴国带来经济上的巨大利好，或许掠夺的资源都用于支付巨额的军费。

　　等到吴王夫差上位，吴国正式进入了战争轨道，一切国家行为都必须服务于军事目的，在前文已经做了详细的探讨。吴王夫差作为军事统帅，如果单从军事角度来看，他具有创造力，是很好的领袖。无论是对齐的两栖登陆作战，还是修建邗沟北上争霸。他还对吴国陆军进行正规化部队建设，同时也把吴国水军的技战术水平提到了一个高度。可惜，这些军事上的创造力在短期内却是经济上的灾难。

第卅章 曾几时气吞如虎 悠闲看秋月春风

这样看来，吴越两国都是粗放型、军需依赖型经济模式。因为需要发动战争，所以国家注重扶持战船、战车、铠甲、武器制造相关产业，采矿、冶炼、原材料供应链、后勤运输、军事工业和相关手工业等方面也有长足发展，在短期之内可以带来大量的就业机会，但这是典型的泡沫经济。

在吴越两国，能够得到重用的都是军事人才，伍子胥、孙武、夫概、范蠡、文种，都是军事指挥才能或者军事管理才能突出，如果是经济人才，比如计然，他制定的经济政策必须有利于军事战略，伍子胥和孙武虽然不是经济专才，可是他们具有战略规划能力和实际管理能力，可以最大限度地平衡军事和经济的发展节奏。

吴王阖闾已经是一个很心急的领导者，可还是不能和吴王夫差比。阖闾在位时就看到了夫差的诸多弱点，但伍子胥鼎力支持，这才立夫差为太子。夫差上位后其实应该调整其父亲的国家战略，重视经济的发展。可是，他对吴国的经济问题视而不见，只知道无节制地发动战争。只有在马背上、战车里、战船中，他才能找到成就感；只有把手按在佩剑上，他才有安全感。由于他只把自己当成军事统帅，往往不考虑一场战争该不该打，只考虑如何打赢。虽然他在位的前十多年取得了很多次胜利，可是对于人才、土地和资源的破坏也是非常大的。人才结构单一，想要出人头地只有打仗。获得的土地不能好好经营，因为统治基础薄弱，今天属吴，明天可能归楚，后天可能为越所得，人心思变。同时，所有的资金和资源都集中在军事工业领域，长此以往，就形成了倒金字塔结构。最上面的是军事，军事越发展，吴国越有倾覆的危险。由于夫差不能把军事胜利转化为经济效益和社会效益，由于他没有发展软实力的思维，只知道滥用硬实力，最后生生地震断了吴国的双臂。

吴越争霸（技术篇）

在经济领域，越王勾践十年生聚、十年教训，做得比吴王夫差好，可是如果把他放在大历史的坐标系上，勾践经济建设的成就还是处于较低段位的，吴越两国本是小国，能够一度与传统大国分庭抗礼，并且在历史上留下了辉煌的一页，实属不易。

◎吴越争霸的文化遗产

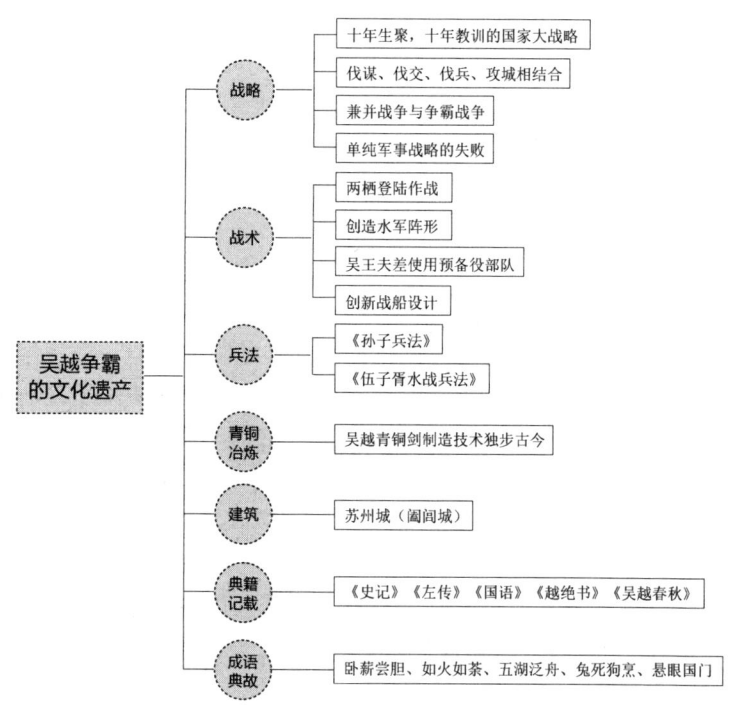

如果晋国没有被韩、赵、魏肢解，统一中国的选手只能在齐、晋、秦、楚这四个大国中产生。因为它们拥有广袤的土地、众多的人口、不竭的人才、强劲的经济，这都是支撑统一战争的深厚力量。而最要紧的在于，哪个大国有一套可以长久运行的强大机制。很明显，吴国没有，

第卅章　曾几时气吞如虎　悠闲看秋月春风

越国没有。晋国本来可以有，只是一分为三之后核心竞争力直线下降。楚国本来可以有，只是统治集团顽固抵制一切会损害其既得利益的改良或者改革。齐国本来也可以有，只是偏霸一方的快感慢慢消磨了统治者的魄力。直到秦国出现，他们以土地、人口、人才、经济和国家制度铸就剑柄、剑身、剑格（护手），以军事和政治为剑刃，对东方六国发起了长达一百四十年的进攻。

本书从技术层面重新审视吴越争霸这段历史，抽丝剥茧，层层递进。即便以十余万字来讲述，依然只展示了这段历史的冰山一角。笔者十年前写这段历史时，一直试图避免落入历史考据的窠臼，以免违背普及《史记》的初衷。可是，为了让读者对历史有更为理性和深刻的理解，这次加入了对吴越争霸技术层面的介绍。必须说，这样的历史研究也是迷人的。选择这个经典案例，也是希望读者不要只把精力放在故事本身，毕竟故事可能是浅薄乃至虚构的。那样的话，大家对吴王夫差的认知，很可能只停留在"好色误国、养虎遗患"的层面，对越王勾践的认知，很可能只停留在"卧薪尝胆、意志胜利"的层面。那样看待历史，是简化、肤浅的。

吴国崛起于吴王寿梦时代，历经诸樊、馀祭、馀昧、季札（不是吴王却是无冕之王）等好几代人，再通过吴王僚、吴王阖闾的努力，由吴王阖闾历经十九年将国家实力发展到巅峰。可是高处不胜寒，如果吴王夫差在击败越国以后，能够以柔化的手段增强治理的弹性，吴国也许会改弦更张、焕发生机。与吴国相邻的越国在同时代崛起，勾践之父越王允常是越国历史的开创者，他留给越王勾践的是霸主的基业。勾践一度输给吴王夫差，国破人亡，遭受重大打击，却能卧薪尝胆，由纨绔子弟变成了强者……

吴王阖闾、吴王夫差、越王勾践、伍子胥、孙武、文种、范蠡、计然……这些名字代表着铁血、霸气和不屈的意志，他们的爱恨情仇已随时间湮灭。而苏州城、《孙子兵法》、吴越青铜剑，都是他们留给历史最宝贵的礼物。